穷养富养不如"慢养"

Let Children Grow up Happily

张新春 著

辽宁人民出版社

图书在版编目（CIP）数据

穷养富养不如"慢养" / 张新春著. — 沈阳：辽
宁人民出版社, 2021.9
ISBN 978-7-205-10250-0

Ⅰ．①穷… Ⅱ．①张… Ⅲ．①家庭教育 Ⅳ．①G78

中国版本图书馆 CIP 数据核字（2021）第 146586 号

出版发行：辽宁人民出版社
　　　　　地址：沈阳市和平区十一纬路 25 号　邮编：110003
　　　　　电话：024-23284321（邮　购）　024-23284324（发行部）
　　　　　传真：024-23284191（发行部）　024-23284304（办公室）
　　　　　http://www.lnpph.com.cn
印　　刷：天津中印联印务有限公司
幅面尺寸：170mm × 240mm
印　　张：15
字　　数：220千字
出版时间：2021 年 9 月第 1 版
印刷时间：2021 年 9 月第 1 次印刷
责任编辑：蔡　伟　贾　勇
装帧设计：末末美书
责任校对：耿　珺
书　　号：ISBN 978-7-205-10250-0

定　　价：45.80 元

你是否有过那样的经验，当你轻轻握着孩子柔软的小手，心中总会有一阵酸酸软软的甚至怯怯的感觉，他们的脸庞还那么稚嫩，孩子还那么弱小，我该怎么做才能更好地陪他长大呢？这种想法是从内心流淌出来的、对于生命的呵护和敬畏，是一种因为太过珍视而不由自主产生的小心谨慎。

孩子是上天送给我们的礼物，陪伴孩子成长的过程也是我们的心智逐渐成熟的过程，这个过程中会充满喜、怒、哀、乐，也正是因为这些才会使得这个过程显得珍贵和有趣。家长们或许在初期会手足无措，找不到教育的方向，甚至不经意间成为自己小时候最讨厌的那种父母。

为了避免这种情况的发生，也为了给家长们在教育孩子上提供一个方向，本书应运而生，希望能够帮助家长们更好地陪伴孩子成长，享受孩子成长带来的乐趣，也让孩子快乐健康地长大，体会到家长的真心呵护。

受到现实社会中巨大的竞争压力影响，在孩子的成长过程中，家长们总是迫不及待地希望孩子更好点、更聪明一点，这样才能在未来的竞争中脱颖而出，过上更好的生活。也正是因为这样的迫切心愿，使得很多家长忘记了孩子也有自己的成长规律，过于着急地揠苗助长，可能做出了很多他们自己没有意识到的错误行为，不经意间给孩子造成了巨大的伤害。其实慢慢来，和孩子像朋友一样相处，陪伴他们成长也不失为一个好的教育方法。

孩子的教育要遵循养育的原则，有时候"抢跑"的孩子更容易摔倒，家长不顾孩子的意愿，不愿倾听孩子的心声，对孩子实行棍棒教育等行为都有可能导致孩子在成长的过程中出现性格和心理上的问题。家长眼中"好"的超前教育很有可能抑制了孩子未来发展的可能性。释放和尊重孩子的天性，着重培养孩子感兴趣的方面，或许会有意外的收获。

孩子的性格有的是天生的，有的是后天养成的，因此家长们可以不必太过担忧。对于孩子经常出现的情绪问题，比如爱哭、暴力、害羞、怯懦、说谎等，书中都详细分析了会出现这些问题的原因，并为家长们提供了有效的解决方法。相信学会这些，家长们一定可以不慌不忙地帮助孩子解决成长中遇到的各种困扰。

在现代教育中，教育学家们早就发现枯燥乏味的填鸭式教学已经不能满足孩子爱玩爱闹的天性了。太早用规矩束缚孩子并非一件好事，很多知识和能力在游戏中就能获取。本书介绍了六种类型的游戏，让孩子在游戏的过程中获得知识和能力，更容易接受，也更容易理解，玩着玩着就把知识收入了囊中，既轻松又有趣。家长们跟着孩子一起，还能增进亲子之间的关系，让家长和孩子的连接更加紧密。

成绩和能力哪个更重要？这是很多家长都在头疼的问题，但从长远来看，显然是后者在未来的社会生活中更重要一些。"慢养"孩子并不等于放养孩子，只是需要家长将注意力更多地放在对孩子能力的培养上，阅读能力、表达能力、思维能力、感知能力、记忆能力等都是学校的老师无法直接教给孩子的东西，值得家长注意。

家长是孩子的第一任老师，家长的行为习惯会影响孩子的行为习惯。良好的习惯可以伴随孩子一生，对未来的发展有很大的帮助，而坏的习惯则会成为孩子前进道路上的阻碍，家长们需要从小培养孩子养成良好的习惯。书中详细介绍了七个方面，帮助家长引导孩子一步一步变得更好。

原生家庭是孩子成长的摇篮，对孩子未来的发展有很大的影响，原生家庭关系的好坏直接决定着孩子未来对自己身边各种关系的处理方式。家长好的行为、充满爱的理解和包容会治愈孩子的内心，让孩子成长为一个温暖、有力量的人；而家长不好的行为则会给孩子留下一生难以去除的伤疤。家长们要尽量给予孩子一个好的成长环境，消除家庭中存在的不良因素，让孩子可以健康快乐地成长！

本书从七个方面详细为家长们剖析了孩子成长中可能出现的问题，并提供了详细有效的解决方法，为家长教育孩子提供了一个大体方向，尽快地了解孩子的诉求，引导孩子健康发展，减少走入教育误区的可能，让家长和孩子的关系更加紧密。

家长和孩子的相遇是一种缘分，陪伴孩子成长的过程也是家长人生的沉淀，所以慢慢来，走得慢一点，走得稳一点。只要最后孩子能够成为自己期望中的样子，慢一点也无妨。

第四章

游戏成长力：慢慢养、好好玩，孩子会在游戏中成长起来

第五章

能力养成："慢养"不是不养，养孩子重要的是养能力

第六章

习惯养成：幸福的孩子，好习惯是怎么"慢养"出来的

第七章

原生环境：家长是孩子最好的教育，改正错误的亲子关系

第一章

成长周期：孩子有自己长大的节奏

　　你真的了解教育孩子吗？成长应该是一项动态的过程，随着年龄的增长，孩子的身体系统会慢慢发育，智力和心理也会慢慢发育，这个过程中，教育和孩子的成长应该是相互匹配的，体育锻炼不能先于身体发育，同样地，智力和心理的锻炼也不应该提前于孩子的成长节奏。

✦ 为什么你的孩子不快乐了?

"我家女儿最近总是闷闷不乐的,我问她怎么了,她也说不出个所以然来。每天都只是一个人在家里练琴、看电视、玩游戏,有朋友叫她出去玩也不想去,我打算带她出去旅游她也不想去,和她说话,她也不好好回应,做什么事情都无精打采的。这是怎么一回事?"

在现在这个竞争压力非常大的社会里,家长们都望子成龙、望女成凤,却忽略了孩子自身的真正需求。为了让孩子赢在起跑线上,家长们常常从小就开始加强了对孩子的教育,这就导致很多孩子开始变得不快乐。

引起孩子不快乐的原因有很多:

◎孩子受到的挫折体验比较多,做事情总是失败

孩子经常受到打击,比如学习成绩不够好,经常被父母比较不如别人,孩子很少或者根本没有体验到成功的快乐的话,的确很难快乐起来。

◎父母对孩子严格要求,孩子学习压力大,达不到父母的期望

孩子没有达到父母心中的期望,使得孩子对自身产生了怀疑,尤其在父母并不接纳孩子的现状,只是一味地责骂孩子没有努力的时候,孩子感觉到很难让父母满意的时候，孩子就会不快乐。

◎ **家庭关系比较紧张，引发孩子担忧**

当家庭关系紧张，父母感情出现危机，又或者是父母经常争吵，都会使孩子没有安全感，经常担心自己的家庭会不会突然间就分裂了，这种情绪会困扰他们，让他们难以快乐。

◎ **家庭遭遇重大变故**

家庭遭遇重大变故，生活突然发生改变，孩子有可能长期不能从悲伤痛苦中走出来，于是不快乐。

孩子长期处于不开心状态的六种典型表现	拒绝合作，拒绝互动
	暴躁、易怒
	在家与在学校表现不一
	表现变差，尤其是学习变差
	毫无缘由地沉默，不爱说话
	频繁地身体负面反应，不适，喜欢哭泣

如果孩子只是一小段时间不快乐，这是很正常的情况，家长不用太过担心。生活中会有各种喜怒哀乐，家长要允许孩子出现不快乐的情绪，这也是孩子人生体验中很重要的一环。家长们需要重视的是孩子不快乐的时间，当孩子长期处于不快乐的情绪中，生活和学习都不再有意义，就很容易出现抑郁，需要引起家长的高度重视。

"我的儿子小泽今年5岁了，我给他报了美术班和心算班，他虽然有时候不太爱去，但是学得很好，幼儿园里的老师都夸他聪明。但是马上就要上小学了，我看邻居家的城城报了书法班，字写得好也挺重要的，书法还是从小练比较好，我想给小泽也报上，但是又担心孩子忙不过来。"

穷养富养不如"慢养"

现在整个社会充满了焦虑，在这种情况下，缺乏安全感的家长就会把自己感受到的焦虑和压力转嫁到孩子身上，通过不断和周围的孩子进行攀比，来暂时缓解焦虑。但是过分的攀比会使家长变得片面和短视，很难看到孩子的长处和兴趣所在，只一味地强调成绩，不知不觉间就亲手毁掉了孩子的童年。

其实孩子的心灵从幼年时期开始就是一张白纸，每个孩子都有自己的心理诉求，无外乎就是想得到关爱、获得认同、得到赞赏、享有地位这几种。那么作为家长怎么样才能引导孩子变得快乐一些呢？

以身作则，教会孩子热爱生活

很多情况下，孩子对待生活的态度就是父母对待生活的态度的映射，学会热爱生活比一味地灌输给孩子知识和技能要重要得多。因此父母应当尽量将热爱生活、快乐生活的生活态度教给孩子，让孩子也感受到生活中的乐趣。比如当看到路边的美景时，学会停下来欣赏，并且由衷地赞美；经常怀着喜悦的心情给周围美丽的事物拍照，并将它们分享给身边的人；吃饭时夸赞服务员的服务和饭菜的美味，而不是去刁难服务人员；经常说一些好的事情，常去夸赞身边人的好，而不是去抱怨学校老师、同事领导，等等。父母如果能经常用这样一种宽阔包容、积极乐观的心态对待身边的人和物，自然会感染孩子，使其也变得快乐起来。

我和老公带着女儿妮妮去山西平遥古城玩，晚上到景区里的酒店的时候天已经黑了，三个人就在酒店的一楼吃饭。我们选了一个靠窗的座位，但是前面客人刚走，桌子上都是剩饭菜。店里一位服务员大姐看见了我们，赶紧过来帮我们收拾桌子上面的残食。

我们边看外面的夜景，边问大姐这里的情况，因为我们三个人都是第一次来，所以对这里的事物都很好奇，问了很多问题。突然大姐一不小心把收罗好的餐具全部倒在地上了，在一片稀里哗啦的瓷器破碎声中，喧闹的大厅里所有的声音都戛然而止。服务员大姐不知所措，急忙蹲在地上捡盘碗的碎片，边捡边埋怨自己不小心。

我和老公对望了一下，老公说肯定怪你问题那么多，让大姐分神了。我说是的，是我话太多了。大姐说：不怪你不怪你，就是想让你们快点吃上饭。

接着又慌忙站起来用抹布擦桌子，没想到一块食物残渣又被她擦得掉到妮妮衣服上了，染了一大块油。大姐又一个劲抱歉，又想给孩子擦衣服。结果越擦油抹得越多。我说大姐没事，别擦了，孩子衣服本来就该洗了，不用管了。

服务员大姐擦完桌子把碗碎片端走了，我们跟着她的身影看过去，一个主管模样的人果然开始低声训斥她。老公说大姐肯定得赔钱了，这么多盘子、碗、碟子的。我也很难过，觉得大姐很可怜，说我去找那个主管说是因为我，我来赔钱吧。老公说他去说。我和妮妮看着老公走过去和那位主管说话，我俩都在说希望这位服务员大姐不会被罚款。过一会儿老公回来了，说搞定了，我们三个人都很开心。

服务员大姐忙完过来给我们道谢，说我们好人有好报的时候，我知道，我们两个人给妮妮上了一堂生动的社会课。

减少对孩子的不恰当的评价

从来到这个世界上的第一天起，孩子就对周围的一切充满了好奇和探索的欲望，一切的活动都愿意去尝试一下。但是因为孩子的能力不足，或者别的原因，不管是父母、同学还是老师都会对他有一些负面、消极的评价，有时候经常能听到这样的话，如"你怎么这么笨啊""我都说了几遍了，你怎么就是记不住呢""你这么懒，谁会选你当组长啊，连自己都管不住"，等等。这些消极的、带着批判性的评价都会成为孩子探索新事物路上的绊脚石，使孩子形成畏惧心理，在学习和生活中感受不到快乐。

因此，作为孩子最亲近的人，父母要努力消除自己对孩子的负面评价，改用积极的话语来评价、鼓励孩子，比如多对孩子说"我觉得你越来越聪明了""宝贝,你怎么这么懂事了,爸爸妈妈好欣慰啊"等,孩子得到充分的肯定和赞美,内心洋溢着快乐和喜悦,会更加积极地向着好的方向去努力。

不要把"别人家的孩子"挂在嘴边

由于现代社会巨大的竞争压力,很多家长形成了爱攀比的坏习惯。无论是孩子的衣食住行、学校,还是课外的辅导班、兴趣特长班,父母都以一种不甘落后的心态,拼命将自己的孩子与别人的孩子进行对比,如果孩子达不到父母的心理预期,或者比不过别人家的孩子,那么父母就会对孩子进行批判,如"你看看别人,你怎么就学不会呢""我怎么就生出你这么笨的孩子"等刺耳的话语充斥在孩子的周围。长此以往,每当父母提起"别人家的孩子",孩子就会产生很强烈的挫败感,甚至会主动远离父母。对于生活和学习,孩子多采取一种逃避的心态,这对孩子未来的发展和心灵的成长都是很严重的负面影响。

对于这种情况,父母要多了解孩子的心理需求,加以培育和疏导,要看到自己孩子的闪光点,不要用孩子的短处去和别人家孩子的长处相比,让孩子没有负担和压力,快乐成长,毕竟健康快乐才是人最宝贵的财富。

做一个好玩的父母

很多孩子不喜欢学习,不喜欢身边的事物,甚至体验不到成长的快乐,出现这种情况的原因可能是父母的思维太过死板、固化,和孩子的沟通仅仅局限于学习和生活,经常对孩子说"你就知道玩""作业做完了吗,你就玩"之类的话语,这让孩子觉得父母很是无趣、乏味、压抑,所以久而久之孩子也就容易不快乐。建议父母努力和孩子一起玩耍,参与他们喜欢的游戏活动,这样当孩子想要交流的时候,父母就能够和孩子在同一个频道上,能和孩子聊他们喜欢的话题。当父母和孩子交流的话题多了,孩子就很容易在各种事情上寻找到自己热爱的点了。

家长让孩子多一点自由选择的权利,减轻一点负担和压力,因材施教,把属于孩子的快乐还给孩子,这样成长起来的孩子才是最健康、活泼、聪明的孩子,相信他们在未来一定能走出属于自己的一片天。

✦ 发育年龄：不同年龄，孩子都在发育什么？

"我家的宝宝三个月大，可喜欢我了，每次一看到我，他就非常高兴。我一叫他，他就会'啊啊'地回应我，有时候逗他玩，他甚至会笑出声。熟悉的人抱他的时候，他一点也没事，还非常好奇地盯着别的东西看，但是面对陌生人还是比较怕的。每次看着他对我笑，我的心都要化了。"

生长发育是健康的重要标志，孩子在不同年龄的发育有一定的规律，既是连续的，又是阶段性的，并且在不同的年龄阶段其发育的标志不同。那么不同年龄阶段孩子的发育指标有哪些？发育异常又有哪些表现呢？下面为大家一一介绍：

出生到 1 个月，孩子这样发育成长

1. 孩子的头开始可以从一边转向另一边；

2. 醒着的时候，孩子的目光能够追随距离眼睛 20 厘米左右的物体移动；

3. 比起陌生人的声音，孩子更喜欢听妈妈的声音；

4. 孩子能够分辨空气中的气味，在众多气味中，孩子更喜欢甜味。当闻到难闻的气味的时候，孩子会嫌弃地转过头去。

当孩子出现下面的状况，家长要引起重视，赶快送孩子去看医生

1. 对大的声音没有任何反应；

2. 对强烈的光线没有任何反应；

3. 不能轻松地完成吸吮或者吞咽等动作；

4. 身高和体重没有增加。

1 到 6 个月，孩子这样发育成长

1. 俯卧的时候能够抬头，抱坐的时候，头稳定；

2. 孩子喜欢把小手放进嘴里，能手握着手；

3. 孩子喜欢看着妈妈的脸，看到妈妈就非常高兴；

4. 孩子开始用不同的哭声来向家人表达自己不同的需求；

5. 孩子开始试着自己翻身，靠着东西能够自己坐着，甚至可以自己独坐；

6. 对颜色鲜艳的物体非常喜欢，并且会盯着移动的物体；

7. 孩子会大声笑，会自己开始尝试发出"*o*""*a*"等声音，喜欢别人和他进行对话；

8. 孩子开始认生，能够认出亲近的人，见到陌生人比较容易哭。

当孩子出现下面的状况，家长要引起重视，赶快送孩子去看医生

1. 孩子的身高、体重和头围不能逐渐增加；

2. 孩子从不对别人微笑，并且不会翻身、用手抓东西；

3. 孩子的两只眼睛不能同时跟随物体移动；

4. 孩子不能转头准确找到声音的来源。

7 到 12 个月，孩子这样发育成长

1. 孩子长出 6 到 8 颗乳牙；

2. 孩子能自己坐起来，会爬了，扶着家人或者床沿能够站立，能够扶着

大人的手迈步；

3. 孩子开始能听懂一些家人的话，并且能够理解一些简单的指令，比如拍手或者再见等，能配合家人的动作脱衣服；

4. 孩子能发出"*baba*"等音，能学着叫爸爸妈妈；

5. 喜欢让人抱，对着镜子里面的自己笑；

6. 学会拍手，在听到家人表扬自己的时候，孩子会很高兴地有所表示；

7. 喜欢和小朋友一起玩。

当孩子出现下面的状况，家长要引起重视，赶快送孩子去看医生

1. 还没开始长牙，不能吞咽菜泥、饼干等固体食物；

2. 不会模仿简单的声音，不能根据简单的口令做出相应的动作，对新奇的声音或者不寻常的声音不感兴趣；

3. 不能够独坐；

4. 不能用拇指和食指捏取东西；

5. 当快速移动的物体靠近的时候，孩子不会眨眼睛；

6. 不能和家人友好地玩耍。

1 到 1 岁半，孩子这样发育成长

1. 孩子有 8 到 14 颗乳牙，能够独立站和走，蹲下再起来，能抬起一只脚做踢的动作；

2. 走路的时候，孩子能够推、拉或者搬运玩具，能玩简单的打鼓、敲瓶子等音乐器械；

3. 能重复一些简单的声音和动作，能听懂一些话，并能说出自己的名字；

4. 喜欢听儿歌、故事，听家人的指令能指出书上相应的东西；

5. 能用一两个字来表达自己的意愿，有意识地叫爸爸妈妈；

6. 能辨认出家人的称谓和家里熟悉的东西，能指出自己身体的各个部位；

7. 开始学着自己用杯子喝水、用勺子吃饭；

8. 能够短时间和小朋友一起玩耍。

当孩子出现下面的状况，家长要引起重视，赶快送孩子去看医生

1. 囟门比较大；

2. 不能表现出明显的多种情绪，如愤怒、高兴、恐惧之类的；

3. 不会爬，不能独立站立。

1 岁半到 2 岁，孩子这样发育成长

1. 能向后退着走，能扶栏杆上下楼梯，在家人的帮助下，可以在宽的平衡木上走；

2. 在家人帮助下，能自己用勺吃饭，主动表示想大小便，能自己洗手；

3. 开始模仿父母的行为，比如做家务、翻书等；

4. 出现多种情感，比如同情、爱和不喜欢等；

5. 能够开始踢球、扔球，玩沙子、玩水，喜欢童谣、歌曲、短故事和手指游戏；

6. 会说 3 个字的短句子，知道并运用自己的名字，比如说"宝宝要"；

7. 能模仿折纸，尝试堆 4 到 6 块积木，能够认识两种颜色和简单的形状，比如圆形、方形和三角形等；

8. 能认出照片中的自己，笑或者用手指出。

当孩子出现下面的状况，家长要引起重视，赶快送孩子去看医生

1. 不会独立行走；

2. 不试着说话或者重复词语，对简单的问题不会用"是"或者"不是"回答；

3. 对一些常用词不能理解。

2 岁到 3 岁，孩子这样发育成长

1. 20 颗乳牙基本长齐，能自己独立用餐，能将物品进行简单地分类；

2. 会骑三轮车，能双脚并跳、攀爬登架、独自绕过障碍物；

3. 能用手指捏起小的物体，能解开衣服上的大扣子，洗完手后会擦干；

4. 能自己上下楼梯，会拧开或者拧紧盖子；

5. 喜欢倒东西和装东西，开始有目的地运用东西，比如把积木当作小汽车到处推；

6. 能握住蜡笔在纸上进行涂鸦；

7. 能对物体进行简单分类，熟悉主要的交通工具和常见的动物；

8. 喜欢有人给他们念书，并且孩子能一页一页翻书，假装"读书"；

9. 能说出 6 到 10 个词的句子，正确使用"你""我""他"；

10. 脾气不稳定，没有耐心，不喜欢等待，喜欢和别的孩子一起玩，相互模仿言行；

11. 喜欢"帮忙"做家务，爱模仿生活中的活动，比如喂娃娃吃饭。

当孩子出现下面的状况，家长要引起重视，赶快送孩子去看医生

1. 不能自如行走，经常摔倒，没人帮助无法爬下台阶；

2. 不会提问，不能说两三个字的句子；

3. 不能区分简单的物体种类；

4. 不喜欢和小朋友玩。

3 岁到 4 岁，孩子这样发育成长

1. 能交替迈步上下楼梯，能倒着走、原地蹦跳，短时间单脚站立；

2. 能画横线、竖线、圆圈等，能说出红、黄、蓝等颜色名称；

3. 认真听符合年龄的故事，喜欢看书；

4. 能简单地表达自己的愿望和要求，叙述自己看到的事情；

5. 喜欢问问题，能记住家人的姓名、电话等；

6. 能使用筷子、勺子等独立吃饭，能够独立穿衣服；

7. 能按"吃""穿""用"进行物品分类，用手指着东西数数；

8. 能与他人友好相处，懂得简单的规则，能参加简单的游戏和小组活动；

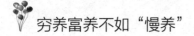
9.非常重视自己的玩具,甚至有时候会变得有侵略性,比如抢别人的玩具,把自己的玩具藏起来;

10.会表达喜欢、害怕等强烈的感觉。

当孩子出现下面的状况,家长要引起重视,赶快送孩子去看医生

1.听不懂别人的话,不能说出自己的名字和年龄,说不出3到4个字的句子;

2.不能自己一个人玩上3到4分钟;

3.不会原地跳。

4岁到5岁,孩子这样发育成长

1.能熟练地单脚跳、直线行走、轻松起跑、停下、绕过障碍物;

2.能正确握笔,简单画出图形和人物,能穿较小的珠子,认识10以内的数,能看懂和说出图画的意思,喜欢听有情节的故事、猜谜语,能按照颜色、形状等特征对物体进行有规律的排列;

3.能回答"谁""为什么""多少个"等问题,能说比较复杂的话,比较清楚地表达自己的意愿;

4.能努力控制自己的情绪,不乱发脾气,但是会因为有小挫折而发脾气;

5.喜欢与朋友一起玩,分享玩具,喜欢参与集体活动。

当孩子出现下面的状况,家长要引起重视,赶快送孩子去看医生

1.无法说出自己的全名,说出的话别人听不懂;

2.不能独立上厕所,不能控制大小便,经常尿裤子;

3.不能单脚跳,无法辨认简单形状。

5岁到6岁,孩子这样发育成长

1.学习交替的单脚跳,会翻跟头,能快速且熟练地骑三轮车和玩有轮子的玩具;

2.能够使用笔画出很多形状和写简单的汉字，能用各种图形的材料拼图，并将物品按照从短到长、从小到大的顺序排序，能数到20或者20以上，聪明一些的孩子甚至能数到100；

3.开始有时间的观念，能将时间和生活联系在一起，比如"7点了，要起床了"；

4.能边看图画，边讲熟悉的故事，能正确转告口信、接听电话；

5.喜欢伙伴，有一到两个很要好的朋友，能与朋友分享自己的玩具，喜欢参加团体游戏和活动；

6.情感丰富，懂得关心别人，尤其对比自己年龄小的孩子，或者是受伤的孩子和小动物特别体贴；

7.比小时候更能自我约束，可以控制自己的情绪。

当孩子出现下面的状况，家长要引起重视，赶快送孩子去看医生

1.不能交替迈步上下楼梯；

2.不能安静听完一个5到7分钟的小故事；

3.不能独立完成自理技能，比如刷牙、洗手、洗脸等。

孩子的发育状况在不同的年龄阶段都有不同的表现，如果家长发现情况与上面有所出入，也不要着急，及时咨询当地医生，采取措施。孩子的早期教育有极大的可塑性，也很容易受伤，发育的异常发现得越早越好，及时治疗，康复的可能性越大。

✦ 人格成长：荣格九型人格与现实中的九色孩子

"我的女儿美美从小开始，对什么事情都做得十分精细，把房间里的书和玩具摆放得整整齐齐，特别爱干净。每次我让她练习小提琴，她都非常自觉，一般我们对她的要求，她都会尽量做到，我一直觉得她是个完美的'小天使'。但是随着她慢慢长大，我发现孩子面对自己不擅长的东西的时候会变得特别焦虑，而且很不喜欢别人对她进行批评，每次一发怒就显得特别暴躁。这是怎么一回事？"

我们所有人的人生从某种意义上讲，都是由自身的各种倾向性编织而成，而决定这些的就是我们各自不同的内在人格特质。就像上面例子中的美美，有些人很可能就会对她的性格产生误解，认为她这是表里不一，是矫情或者是伪装，但其实都不是，除了性格本身如此之外，还有一种潜意识"人格原型"在主导着这一切，呈现出不同的人格表现。

著名心理学家卡尔·荣格提出了"原型"的概念，他将人的人格特质分为九种，称为九型人格。九型人格这一词源自希腊文的音译，意思是圆阵上有九个定点，象征着九种构成我们社会的人的类型。按照人们的习惯性思维方式、情绪反应和行为习惯等方面的总结，人们的人格特质被分为了九种类型：完美型、助人型、成就型、自我型、理智型、忠诚型、活跃型、领袖型与平和型。事例中的美美就是典型的完美型人格。

作为家长，最关心的就是孩子的人格发育，那么不同人格的孩子有什么特征呢？家长又怎样才能更好地引导孩子，帮助孩子更加健康快乐地成长呢？下面对现实中九种人格的孩子进行一下简单的介绍和分析，希望能帮助到各位。

◎完美型

性格特征

完美型的孩子大多有完美主义倾向，非常自律、公正，正义感、责任感、使命感都比较强，对自己的要求比较高。很喜欢规律和秩序，能建立良好的习惯，注意细节，喜欢纠正别人，乐意做事情，勤快又乐于助人。对待父母的期望会全力以赴，很会收拾东西。但是性格上为人比较固执，容易气馁，不喜欢受到批评和指责，当面对自己无法胜任的事情会很焦虑，发怒时会非常激烈。

教育方向

这类型的孩子做事十分有条理，追求完美，为了家长的期望会不懈努力，但相对应比较情绪化，容易沮丧，抗压能力弱。家长在教育的过程中，批评时要先给予孩子肯定再说明错误的原因，对孩子的期望要适度，不要给孩子太多的压力，维护他的上进心，帮助他缓解压力，排解不良的情绪，建立积极向上的心态。消除孩子的畏难情绪，让他明白胜败乃兵家常事，有不擅长的东西很正常。教会孩子善待自己，试着欣赏他人，不要总是用批判的眼光看别人。

◎助人型

性格特征

助人型的孩子都是热心肠的小可爱，温柔又惹人爱，喜欢分享，擅于注意别人的需求。多会努力迁就、取悦父母以换取赞赏，对别人的批评、责备、

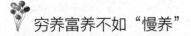

拒绝十分敏感。内向的孩子胆小害羞，得不到别人的爱就会撒娇或者生气，外向一点的孩子则爱在人前表现自我，用滑稽的动作吸引别人的关注。

教育方向

这类型的孩子比较敏感，温柔善良、乐于奉献是他的优点，但是原则性较差，很容易被人当作"傻瓜"利用、欺负。家长要肯定孩子的优点，理解孩子的不足，多聆听他们的声音，教会孩子适度地奉献，遇到自己无法完成的事情要学会求助。家长要尽量维护孩子的善心，教导孩子学会拒绝，强调他的自我意识。对这类型的孩子，家长的批评要讲究技巧，不然很容易让孩子心理受到伤害，不要使用恶语，多夸赞孩子可以使孩子更有信心。

◎成就型

性格特征

成就型的孩子乐观合群，又非常自信，积极优秀，是家长们眼中的理想孩子。但是善于察言观色、用成绩获取大人肯定的他们也有着自己性格上的不足，比如好胜心强，喜欢投机取巧，逞强，容易骄傲，当所做的事情失败的时候，可能会推卸责任。

教育方向

家长要多培育孩子的内在善心，多在公共场合称赞他，尤其是在善心方面，带领他们参加一些没有竞争性的活动。家长要尽量帮助孩子认清自己的情绪，难过、悲伤等负面情绪并不可耻，成功与否、成绩好坏也不能完全决定人的一生，要戒骄戒躁。

◎自我型

性格特征

自我型的孩子友善温和，情感细腻，直觉敏锐，自尊心容易受损，喜欢追求创造力、爱幻想，多愁善感，讨厌服从，不喜欢接受不能理解的命令。大多右脑发达，善于捕捉音律和抽象符号。

教育方向

家长对待自我型的孩子要有更多的爱护和关心，让他们感受到父母的支持，尊重孩子的自主性，不要过多地干涉和保护，当需要孩子遵守一个规范，可以给他一个能接受的理由，并让他懂得为所欲为的话会伤害到别人。当需要批评时，要冷静，不要使用可能损害孩子自尊心的言语。朋友对他们很重要，好的心灵读物可以帮助他们内省。

◎ **理智型**

性格特征

理智型的孩子聪明好学，求知欲旺盛，喜欢自己一个人动手做事、收集资料、分析问题等，不喜欢集体活动，在人际关系上显得比较木讷。由于不擅长人际交往，所以显得有些不合群，不擅长表达自己，容易被欺负。

教育方向

家长要给予孩子足够的独立空间去思考学习，尊重他们的决定，有耐心地倾听他们的倾诉，给予他们支持和安全感，鼓励他们情感流露，学会表达，多参加社交活动。

◎ **忠诚型**

性格特征

忠诚型的孩子诚实可靠，勤奋能吃苦，做事情很认真负责，警惕性强，有危机意识，但是有时候又会有点杞人忧天，不喜欢环境变化，不轻易尝试新鲜事物，容易因为不稳定感到有压力。

教育方向

家长要多给予孩子信任和鼓励，引导孩子多尝试新鲜事物，给他们足够的关心和爱，让他们不再因为环境变化而忧虑，提高孩子适应环境的能力。

◎ **活跃型**

性格特征

活跃型的孩子开朗幽默，是个喜欢交朋友的乐天派，喜欢自由，不喜拘束。

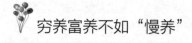

虽然资质天分高，但是欠缺耐力和持久力，容易回避痛苦和困难，习惯用否认或者自圆其说来回避内心的恐慌，有点自恋倾向。

教育方向

家长要适度给予孩子自由，教育方法上要摒弃传统的刻板方法，采取活泼有趣的方法，以生活中的事情为例，寓教于乐，可以使孩子更加容易接受。多肯定孩子可以让他更加开朗，家长可以多帮孩子留意他的才能和能力，有助于为孩子找出发展方向。

◎**领袖型**

性格特征

领袖型的孩子精力旺盛，天真率直，喜好打抱不平，充满了行动力，有强烈的自主倾向，喜欢多变，不喜欢规矩。崇拜权力，喜欢指挥别人，容易将人际关系放在对立局面上，不轻易表现出自己内心的焦虑和脆弱。

教育方向

家长要尽量转移他们的精力，为他们讲一些英雄故事、名人传记，给他们建立行动的榜样。对待他们的态度要坚决不妥协，奉行对事不对人的处事原则，赢得他们的尊重。从小培养孩子刚柔并济的个性，当他们愤怒的时候，家长不要反应过度，仔细聆听，并教会他们其他发泄情绪的方法，鼓励他们展现天真、温柔等正向的情绪。

◎**平和型**

性格特征

平和型的孩子性格温和、容易相处，爱好和平，很少出现反感的情绪，是一个不喜欢表达意见但是能自得其乐的孩子。他们的节奏缓慢，不爱出风头，害怕冲突和竞争，内心胆怯，容易受伤、受他人影响。有压力的情况下，会变得固执冲动。

教育方向

家长不要对孩子的期望过高、给孩子压力，多倾听、帮助他们认识和表达自己的需要，让孩子知道家长十分重视他们，会使他们更加敢于表达自己的情绪。不要打压性地对他们说话，这样会使孩子不敢说出真心话，当孩子出现生气或者焦虑，家长要帮助孩子开拓情感世界，学会表达情绪。

九种人格的孩子没有哪一种比另一种更好，但是如果家长不好好引导都会使他们往不好的方向发展，因此家长要留心观察，准确判断孩子的人格类型，接受并善待他们，适当调整自己的教育方法，慢慢来，就可以将孩子的潜能全部发挥出来。

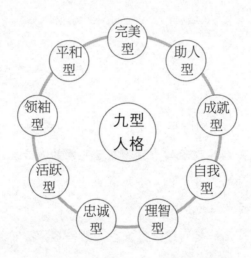

✦ 成长黑暗期：突然进入"黑房"，
孩子需要的是陪伴不是管束

芳芳有一个儿子，平时非常调皮。她对孩子的管教也十分严厉，平时邻居们总能听到她大声训斥孩子的声音和孩子哭闹的声音。这天，邻居又从她家里听到了孩子哭泣的声音，但是不知道为什么这次的声音比以往都大，并且伴随着若有若无的拍门的声音。

邻居们不放心，就一起到芳芳家里想劝解一番，去了才发现，原来因为孩子犯了一点小错，芳芳把孩子关进了小黑屋里，让他好好反省一下。孩子十分害怕，邻居们适当地劝说一下，芳芳这才没有继续关孩子进小黑屋，但是责骂依旧没有变少。

家长在教育孩子的过程中经常会遇到孩子犯了错怎么说也不听的情况，家长的脾气一上来就恨不得打孩子几下，有的家长更是为了能够让孩子害怕、知道自己的错误，而将孩子关进了小黑屋。在家长眼中，是给孩子一个独立的空间让他好好想清楚，却不知在孩子眼中，就是爸爸妈妈亲手把他们推向了黑暗和恐怖。

将孩子盲目地关进小黑屋，不但很有可能达不到让孩子反省的初衷，还会给孩子带来很多坏的影响。

◎**最明显的就是安全感缺失，出现心理问题**

当孩子被关进小黑屋，家长会发现就算是平时再嚣张的孩子，也会变得很乖、很安静。这是不是就代表了孩子反省了自己的错误呢？其实不一定，但可以肯定的是，孩子突然进入一个黑暗的环境会非常害怕，十分没有安全感。在这种情况下，他们会非常无助，这种无助感可以让孩子本就不算强大的理智瞬间崩溃，根本无法静下心来想自己哪里错了。长此以往，孩子可能会自卑，经常产生无助感，严重的话，甚至出现自闭或者是抑郁等心理问题，尤其是日后当孩子面对相同的情况，都会产生很严重的心理阴影。

◎**还很容易造成孩子同理心的缺失**

如果孩子被关进小黑屋之后，足够坚强，那么他们可能在这样的教育下，得出一个结论，那就是：如果一个人犯错了，他们应该受到惩罚。这个道理乍一看没什么问题，但是长期奉行这种"弱肉强食"的道理，渐渐地孩子就会缺少对别人的同理心，成为一个冷酷严苛的人。当然孩子并非故意这样，而是因为他们不能理解一个犯错的人有什么值得同情的。毕竟他们小时候，父母也是这样对待他们的。

◎**改变孩子的性格**

孩子最信赖的、最能依靠的就是自己的爸爸妈妈，爸爸妈妈却亲手将他们推进了黑暗中，父母的这种行为无疑给了孩子重重的一击，使他们感受到巨大的恐惧和信任感的断裂。或许当孩子从小黑屋里出来之后真的会变得老实听话，但更有可能变得胆小、懦弱、无助且自卑，不敢轻易相信别人，害怕受伤等，这些不良的影响甚至可能伴随孩子的一生。

由此可见，为了教育孩子，家长将孩子关进小黑屋的做法是多么大的一个错误。

成年以后，孩子的思维方式、看待问题的态度、解决问题的方法等都可以从童年时期找到这些影子。当他们从父母那里学到了解决问题的方法：不沟通、不谅解、不妥协、不宽容，他们就会就将这些不自觉地运用到别人身上。如果有什么做错了，那么就让我们进入无尽的黑暗和责骂中吧。

因此，对于孩子的教育，家长一定不能一味地利用关进小黑屋的手段。那么家长怎么才能引导孩子走出这段成长的黑暗期呢？

第一，教育孩子之前，先明确自己的目的。

当孩子犯了错，家长先别急着发火，可以先冷静一下，想几个问题：孩子的哪些行为或者哪些话最让我生气？如果孩子没有这么做，我还会这么惩罚他吗？我能不能告诉孩子，我不喜欢这个行为或这些话，然后看看孩子的反应。如果孩子在沟通后，认识到自己的错误，我的怒气会减少或消失吗？

在明确上面几个问题的答案之后，如果回答都是"是"的话，那么家长很有可能并不完全是为了教育孩子而发火，很有可能只是在发泄而已。所以这个时候，家长就要及时停止，先去做别的事情冷静一下，待会儿再来和孩子沟通，否则家长可能会在教育的过程中伤害到孩子。

第二，引导孩子认识到错误。

孩子在小的时候经常会因为好奇心和独立能力等因素犯错误，这个时候就需要家长及时引导，让孩子在这件事情上学到东西，避免以后再犯同样的错误才是对孩子最大的帮助，而不是因为一点小错就将孩子关进小黑屋里面自我反省。

家长可以告诉孩子，他们的某个行为、动作、语言让你有点不高兴，让他们想想原因。这时孩子很有可能会逃避问题，但他们在心里知道了家长不高兴，以后面对同样的事情，就会多进行思考，做正确的事情。

第三，让孩子自己提出改正的方法，家长成为监督者，而不是命令者。

如果在和孩子沟通的过程中，孩子已经开始意识到自己做错了，要改正，那么无论他们的改正方法有多么幼稚，只要没有危险，家长都应当尽力配合，给予他们足够的信任。这样既可以帮助孩子树立人格，又可以帮助他们坚持到底。

如果改正过程中，孩子坚持不下去了，家长不要进行指责，而是要仔细询问他们原因，让他们去思考，帮助他们思考失败的原因。如果孩子成功了，那么家长也要为他们庆祝。

第四，家长以身作则，言传身教。

惩罚不是目的，目的是为了让孩子认识到错误，很多家长都是这么想的，但是脾气一上来就很容易冲动行事，做出不该做的反应。这个时期，家长以身作则、言传身教正是树立自身正确形象的大好时机，只要家长起带头作用，做到极致，孩子也会在家长的影响下潜移默化地把事情做好，有时榜样的力量比说教更强大。

正确的教育方式可以帮孩子树立正确的价值观，形成更好的人格。请家长慢慢来，和孩子一起成长，比起"黑房"，孩子更需要父母的陪伴，成长的黑暗期需要父母爱的光芒才能驱散，在爱中慢慢成长的孩子在前行的道路上才不会迷茫，一直向上。

✦ 做朋友，让孩子获得没有强迫的爱

朋友来家里做客，饭后和玲玲妈妈吐槽家里的孩子太不让人省心。"我一天天起早贪黑的，为了孩子几乎是付出了一切，可是你看看，孩子一点都不理解我，还一直埋怨我，唉，我真是心痛。"

玲玲妈妈抬眼看了一下正在画画的玲玲，笑道："你觉得我和玲玲关系怎么样？"

朋友回答："很好啊，我都羡慕你，玲玲居然这么听话。"

玲玲妈妈笑了笑，说："那是因为我不仅仅是她的妈妈，我还是她的好闺蜜。我俩可以一起做游戏，一起逛街，一起吃好吃的，相互诉说心事。你看看你是怎么对你家孩子的，他应该最能感受到你是不是真的喜欢他了。如果你做的所有事，都是在强迫式地对他好，你觉得是真的对他好吗？"

听了玲玲妈妈的话，朋友陷入了沉思。

现实生活中很多妈妈都放不下家长的架子，总觉得自己对孩子已经是尽心尽力了，但是孩子还是不能理解她，经常惹她生气，所以既生气又觉得委屈。但在孩子眼中，这种所谓的好其实违背了他们的意愿，限制禁锢了他们的各

种发展。所以家长和孩子相处的过程中，不能只用强权，还要学会软硬兼施，用平等的眼光看待孩子，用平常心和孩子沟通交往，和孩子做朋友。

那么家长和孩子为什么做朋友？有什么好处呢？

◎孩子会更信任父母

当家长和孩子成为朋友，双方处于一个平等的位置，相互沟通，孩子会更加地信任父母、依赖父母，更喜欢与父母进行交流，分享自己的情绪和生活中的琐事。如果遇到事情孩子也会愿意和父母先去商量，接受父母的意见和看法，然后再按部就班地走好自己的每一步。

◎孩子和父母的交往更加轻松

当家长和孩子成为朋友，一起玩耍，一起做事情，孩子会在和父母的交往中更加轻松，不再拘谨，在这种环境下长大的孩子，会更加开朗乐观，更加乐于表达自己，亲子关系更加亲近。

◎父母可以更加了解孩子的需求

当家长和孩子成为朋友，孩子也愿意将自己的心里话与父母分享，这样父母了解孩子的最新需求，可以在第一时间发现孩子可能出现的问题，进行引导和帮助，减少孩子走上错误道路的可能性，教育效果事半功倍。

当孩子感觉自己是被爱着的、被支持的，并且能够经常得到大人的鼓励，那么孩子就能按照自己的本能，充分发挥出自己的聪明才智，创造出属于自己的价值，茁壮成长。

明明妈妈正在和好久不见的朋友在家里聊天，正好同事打电话过来。

明明觉得无聊，跑过来缠着妈妈要玩手机。可是妈妈正在和同事说事情就没有理会他。

朋友哄着明明："明明乖，妈妈一会儿打完电话就可以让你玩了。"

"我不管，"明明生气地大喊，"我就要玩手机，我就要玩手机，你快点给我，不然我回头都给你砸了！"

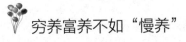

明明妈妈很无可奈何地和同事说了两句，挂断了电话，把手机拿给了他。

明明拿着手机心满意足地玩了起来。

朋友有点不可思议："你就不生气？"

明明妈妈勉强笑笑："我们家管得松，平时都是和孩子做朋友的，所以小孩子也不怕大人，比较活泼，什么场合也不会怕生。"

由上面的例子，我们不难看出很多家长对于和孩子做朋友这件事是存在误区的，和孩子做朋友并不意味着可以让孩子不讲道理，并不代表可以纵容孩子的一切行为。

第一，孩子需要人管教。

父母是孩子的启蒙老师，而老师要做的就是教会孩子什么是规矩。如果孩子和家长成了朋友，却没有学会规矩、学会尊重，甚至没有相互尊重的概念，那么他们又怎么可能在未来的日子里尊敬老师同学、尊重这个社会的运行规则呢？家长如果只是一味地想着和孩子做朋友，而忘记去管教他们，那么在未来社会必定会给孩子更加沉痛的教训。

第二，过分的平等就是纵容。

在很多社会新闻中常能看到孩子殴打父母或者和父母吵架、乱摔东西的案例，为什么会出现这样的事情呢？归根结底是父母平时太多强调和孩子的平等，以至于孩子缺乏对自己定位的了解，稍有不顺心就对父母拳打脚踢。就像上面例子中的明明一样，他们觉得自己和父母是平等的、是朋友，所以就会肆意地打断父母的对话，甚至开始动手，这种行为在同龄人中可以被称为大闹，但是放在长辈身上，那就是不礼貌，是父母对孩子的纵容。

第三，让孩子参与决策，并不是彻底让孩子"说了算"。

家长和孩子做朋友之后，很多家长就将孩子的意见参考到日常的决策中，甚至是直接上缴了决定权，让孩子自己"说了算"。但在孩子还不具有独立决策能力的前提下，这种做法实际上就是将选择甩给了孩子，是极不负责的做法。家长应当做的是提供给孩子可供选择的空间，这样既能照顾孩子的主动性，又能最大程度上保证选择足够安全和可靠。

那么家长到底怎样和孩子做朋友才是正确的呢？

首先，跟孩子做朋友要建立在规则之上。家长和孩子做朋友，必须要有界限感，必须是建立在规则之上的，违反规则却不进行批评，这样孩子就无法清晰地明白自己的错误，虽然父母可以包容孩子的错误，但是社会不会，因此孩子需要懂得规则。

其次，尊重孩子的选择。在教育过程中，父母要尊重孩子的愿望、选择等，即便这些在大人的眼中十分幼稚可笑，尤其是当孩子完成了一个目标，大人答应奖励他们的时候，无论孩子提出什么要求，只要不危险、不违法犯罪，父母都应该尽量满足。和孩子做朋友就是要尊重孩子的奇思妙想，尊重孩子的独特爱好，尊重孩子那些天马行空的梦想和一往无前的勇气，这才是父母该做的。

再次，赞美传递信心。人类的本性中最深的期望就是被赞美、钦佩和尊重。父母发自内心的赞美可以使孩子的内心充满了自信和希望，内心的愉悦会鼓励孩子继续下去，让孩子变得勇往直前。

最后，用心去倾听孩子的声音。都说倾听是对人最好的恭维，家长想要和孩子做朋友，就要先学会认真倾听孩子的诉求，真正了解孩子想要的是什么，而不是大人认为孩子应该需要的。倾听过程中，不管孩子跟家长倾诉什么，都代表着孩子对家长的信任，家长要充分展示尊重和认真，不要随意打断孩子的话，或者嘲讽、辩解，给予孩子充分的理解和宽慰。

家庭教育是一切教育的起点，对孩子的影响很大。无数的新闻都已经向我们证明以朋友之名纵容孩子，以后要付出更高的代价。因此父母和孩子做朋友，就要做值得尊敬的良师益友，良师在先，益友在后，不强迫的爱才是真正促进孩子茁壮成长的养料。

第二章

养育原则："抢跑"的孩子更容易摔倒

快看我。

教育学要遵循的原则是适应性与规律性，而家长违背原则的做法无疑会给教育增加毫无必要的障碍。在你的教育中有哪些行为是违背教育学规律的？这些行为应该怎样发现和避免？

◆ **主体原则：逼孩子练三年琴，**
　　　　　只为你在家庭聚会上显摆一下

"我的儿子乐乐都学钢琴三年了，平时弹得也挺好，但是就是不好好练琴，太贪玩了。每次都要我逼着才能在钢琴前面老老实实地坐一会儿，只要我一个不注意，他肯定就跑到别的地方玩去了。我哄也哄了，吼也吼了，甚至使出各种手段威逼利诱，他还是不想练。之前家里来了客人，让他给大家表演一段，他满脸的不情愿，都特别费劲。"

"我女儿萱萱也是这样，之前学琴要考级，压力非常大，我停掉所有活动陪她，那时候她每天练6个小时，老师来了却说她没什么进步，后来我把她在家练琴的视频发给老师才知道，她根本就是在瞎弹，糊弄我们。最惨烈的一次，是她不肯练琴，在房子里跑来跑去地跟我们捉迷藏，被我抓过来的时候，像杀猪一样哭喊了足足有半个多小时，我是心累又心疼。"

大多数家长最初让孩子学习一门课外特长都只是为了让孩子多一门兴趣爱好，目的大多是希望可以陶冶孩子的情操，提高一些艺术素养，而并非真的希望孩子走艺术的专业道路。但是当孩子真的开始学习的时候，家长的心理就会不知不觉越来越功利，希望孩子考学加分、比赛获奖等。在这个过程中不自觉地将自己的想法和意愿强加到了孩子的身上，打着为他们好的名义，罔顾了孩子自己的想法，造成了孩子的叛逆、反抗。

面对孩子的抗拒、逃避，父母常常生气又心累，我们总希望孩子可以听话一点，顺着我们的意思去行事。有的家长甚至认为，孩子的看法并不重要，孩子还小，长大以后就会明白父母的苦心了，但是往往到后来事与愿违，孩子不仅不理解父母，还会怨恨父母。

造成这样的后果的原因就是在孩子成长的过程中，家长没有遵循家庭教育的原则，使得养育孩子的过程中，家长与孩子的矛盾越发不可调和。那么什么是家庭教育的原则呢？

其实，家庭教育的原则就是指在家庭教育活动中，为了实现家庭教育目的而需要遵循的基本要求，它是家庭教育中必须要遵守的原则，在家长教育孩子的过程中遇到问题和矛盾，可以以此作为参考，这对家长制定教育计划、选择教育的具体内容和合适的教育方法有很大帮助。

家庭教育的原则是通过对无数的家庭教育经验的总结和摸索儿童成长规律得出的。家长在对孩子进行教育时使用正确的原则，合理地加以运用，就能够使教育的效果事半功倍，达到家长想要的目的。

在我国现代家庭教育中，家长首要遵循的原则就是主体性原则，在上述的案例中，家长就违背了这个原则。那么主体性原则具体指什么呢？

主体性原则就是指在家庭教育的过程中，家长必须以人为本，正确认识孩子的主体地位，尤其要承认孩子的独立人格和尊严，主动地调动孩子的主动性、积极性和创造性，和孩子建立和谐友好的亲子关系，以达到促进孩子全面发展的目的。

在平时的教育过程中，家长要根据现实情况，多多运用主体性原则，强调和尊重孩子的主体地位，多多倾听孩子的想法和意见，不能独断专行、完全自己说了算。只有将孩子的积极主动性充分调动起来，孩子才能在成长中更加主动地去学习成长。

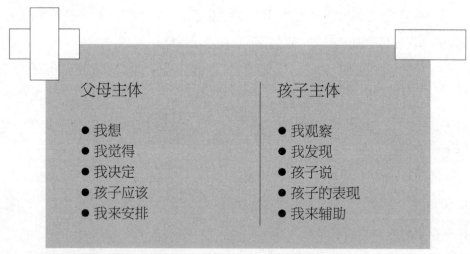

父母主体	孩子主体
● 我想	● 我观察
● 我觉得	● 我发现
● 我决定	● 孩子说
● 孩子应该	● 孩子的表现
● 我来安排	● 我来辅助

那么在家庭教育中家长又该如何贯彻主体性原则呢?

首先,树立正确的儿童观。

什么是儿童观?儿童观就是人们看待和对待儿童的最基本的观点,一般正确的儿童观需要父母承认和尊重儿童的主体地位和人格尊严,不能因为孩子年纪还小、社会经验还不丰富就执意忽略他们的感受和看法,一味地按照家长的想法、经验办事。只有家长认识到孩子是一个独立的个体,他们有自己的想法和感受,学会尊重、信任孩子,学会正确地关心、爱护孩子,激发和维护孩子的自尊、自爱、自信的心理,才能够使孩子真正学会主动、积极、自律,健康快乐地成长。

其次,充分发挥家长的能动性。

家庭的主体是人,家庭教育作为一种互动教育,需要家长和孩子共同参与到其中。但是家长每天都需要面对工作、生活中的各种事情,处理各种问题,这其中有令人高兴的事情,也自然就会有令人沮丧的事情,那么在这种状态下家长怎么样才能调整好状态,充分发挥自己的能动性呢?

在心理学上有一种吸引力法则,说的就是当人的思想集中于某一个领域的时候,这个领域相关的人、事、物就会被吸引而来。换句话说,不论身处顺境，还是身处逆境，如果人将注意力放到不同的地方，将会决定生活是向好的方面发展，还是向坏的方面恶化。因此，在平时生活中，家长要尽量调整好自己的心态，朝着更加积极乐观的方向生活，这种乐观的情绪会感染孩子，使他在未来的成长中也会逐渐变得开朗向上。

现实生活中很多时候因为家长对于孩子主体性的忽视造成悲剧的事情不在少数，家长或许会责怪孩子的身心实在太过脆弱，但从另一个角度来说，家长罔顾孩子的意愿，丝毫不考虑孩子的自尊，将自己的想法强加于孩子，又何尝不是造成悲剧的祸根之一呢？己所不欲勿施于人的道理我们都懂，但是在面对孩子时，家长却会不自觉地用自己的方式、经验、看法来保护孩子，而导致忽略了孩子真正的感受。对成长中的孩子来说，过度地保护、命令或许是以爱的名义伤害他们，对于主体性意识较弱的孩子，家长需要进行积极的引导和教育。

给孩子建议而不是命令

当孩子在思想上、学习上、生活上遇到困难时，第一时间想到的就是向父母进行求助，这时家长要给予他们正确的指导，帮助他们有效地解决问题，家长要做的是进行引导和建议，并非替孩子做决定，要将决定权交给孩子。家长不是孩子的"上司"，不能要求孩子绝对服从命令，强迫孩子做他们不想做的事情，孩子的主人是他自己。未来要做的选择还有很多，家长不可能一一为他们决定。家长在处处帮孩子做决定之后，又要求他们在长大之后立刻拥有自己的主见，这是不现实的。

与孩子成为朋友

在平时的教育过程中，父母可以根据孩子的个性特点来思考和安排孩子的教育方法，多与孩子进行沟通，努力得到孩子的认同。家长要做孩子的朋友，和孩子进行平等的对话，对于孩子的合理要求，家长可以满足，如果孩子的要求不合理，家长要心平气和地和孩子讲道理，让他们能够理解为什么不能这样。

当父母出现错误时，也要允许孩子批评，家长要勇于在孩子面前承认错误，以一种平等的身份相处，而不能以父母是大人为借口，糊弄孩子，或者强硬地将错误掩盖过去。及时地采取措施纠错，这样家长才能为孩子树立知错就改的良好榜样。

投桃报李，越鼓励越出色

要想激发别人的积极潜能，把事情做得出色，就不能一直着眼于孩子的缺点、错处，而是要看到他们的长处和优点，多对他们进行称赞，这样他们才会干得更加起劲，这就是投桃报李的道理。家庭教育中也是要如此，家长要发挥孩子的主体性，就不能压抑孩子成长中的各种情感，要让孩子释放自己的情感，放飞自己的想象。如果孩子一直听从于父母的命令，不能表达自己的看法，不就成了父母手中的提线木偶吗？家长总是和孩子说"不行""不可以""不"，这样是无法培养出孩子自己的主动性的，反而会起到反作用，因此更多的时候父母要说"行""可以""很棒"，适当地鼓励教育才能够调动孩子的积极性和参与性，让孩子主动地接触这个世界，主动地学习。

孩子虽然对这个世界认识还不够完全，但已经有了自己的感受和想法，未来是孩子自己的人生，家长要做的是在尊重孩子主体意愿的基础上，对孩子进行教育和引导，使之成为一个对社会有价值的人，而不是强行将自己的意愿放在孩子身上，规定他的人生。陪伴与鼓励是家长能给孩子的最好礼物，请让孩子以自己的意愿，健康快乐地成长！

✦ 启发原则："揠苗助长"的孩子，往往"青黄不接"

"我儿子今年才3岁，已经会写很多字了，数学也已经达到了小学水平。我准备再给他报两个班，好好学习一下，千万不能输在起跑线上，学习要从娃娃抓起。"

"我家莉莉从4岁开始，就按照我的安排开始学习语文、数学、英语等课程，现在她才8岁就已经把高中的内容学习得差不多了，人家都说她是神童，我准备让她明年参加高考试试，万一考上了大学呢。"

近年来，越来越多的"神童"开始出现，除去部分孩子因为智商超群，早早学完了义务教育阶段的知识被大学破格录取的个例之外，更多的"神童"是通过家长的教育培养出来的，而他们长大后，由于缺乏对社会、对人际关系的体会感受，常常在大学毕业后陷入一种"手足无措"的尴尬之中，更有甚者，因为从小到大将全部精力放在学习中，成长为生活中的"巨婴"。

植物有植物的生存周期，动物有动物的生长规律，作为高级动物的人，更有其特殊的成长程序。因此，在孩子的成长过程中，家长切记一定不能"揠苗助长"，这些"揠苗助长"教育的背后压缩的是孩子的受教育时间，一方

穷养富养不如"慢养"

面可能会在孩子年纪还小的时候就产生很大的压力，另一方面更有可能违背了孩子的成长规律，给孩子的未来造成不良的影响。

据统计，全球大多数国家少年儿童的义务教育时限都在 10 到 14 年之内，其中大多数都在 12 到 13 年，这是经过多年发展，人们共同摸索出的规律。一般来说孩子需要 10 到 14 年的时间，来完成基本的知识储备、实现心智上的成长和转变。如果让他们在快速的时间内实现巨大的成长跨越，或许会为他们以后融入社会埋下隐患。

亮亮 4 岁就开始拿着笔学习写字，虽然写得七扭八歪的，但是爸爸妈妈还是非常心满意足。还没有上小学的他已经学会了小学才会的加减法，这让他在一段时间里被好生夸奖。

但是不知道为什么，上了小学之后他反倒成了班上的"差生"。写字握笔的姿势不对，写字的笔画不对，老师不管纠正了多少遍，他还是会下意识摆回原来的姿势，这可让父母愁坏了。怎么会这样呢？

从出生到幼儿园阶段是为孩子搭建一个好的框架，养成好的习惯、好的思维方式的时期，而非单纯地以认识了多少字、学会了多少数学来界定"起跑线"的时期。但是很多家长由于太过着急，开始想办法让孩子从幼儿园就开始学习写字、数学。于是孩子在本不应该写字的年龄开始大量地写起来，不顾姿势是否正确，书写的字是否规范，笔顺、笔画如何，只要是孩子开始认识、会写字，家长的一时之需就得到了满足，却不成想给孩子的未来埋下多少祸根。长此以往，到了小学的时候，孩子对于小学的东西似懂非懂，学不进去不说，写字的姿势错误难以改正，握笔的姿势更是千奇百怪，正确的很少，对于数学更多的是掰着手指陷入了沉思中，导致思维方式被固化。家长渴望孩子快速成长，却忘记了给孩子留出成长的时间。

知识、才艺并不是学得越多越好，按照孩子的生命程序，学得恰到好处、用得自在娴熟，让孩子在保住童年乐趣的同时丰富知识、提高能力，才是家长最该做的。

孩子对于学习的主动性、积极性多表现为：

第一，孩子有积极向上的态度，对学习有浓厚的兴趣，他们对感兴趣的事物能保持很长时间的注意力；

第二，有强烈的求知欲和好奇心，对于周围的事物和现象能够仔细观察，能够积极主动地思考并提出问题；

第三，积极地参加各种活动、感受新事物、获取新知识，擅长用语言把所学的内容表达出来，并会把学到的知识运用到新的学习活动中去。

在家庭教育中灵活运用启发性教育原则，可以培养孩子生活和学习的能力，调动孩子主动学习、独立思考的能力。那么启发性原则是什么呢？

启发性原则就是指在教育过程中，家长必须要善于启发和诱导，充分调动孩子的学习主动性和积极性，激发孩子的求知欲和探索欲，引导孩子积极思考，提高孩子主动运用知识解决问题的能力。

春秋战国时期孔子就提出"不愤不启，不悱不发，举一隅不以三隅反，则不复也"。意思就是没到学生努力想弄明白却想不通的程度，不要去开导他；不到学生心里明白却不能完善表达出来的程度，不要去启发他；如果学生不能举一反三，那么就先不要往下进行了。换句话就是说，在孩子思考问题的时候予以指导，帮助他们开阔思路是"启"，在孩子有了思路但想法并不成熟，想说但又不知道怎么表达的时候，帮助他们明确思路，弄清本质，帮他们用较为准确的语言表达出来是"发"。

启发的本意在于引导，在孩子有求学之心、表达之欲的时候去启发，在孩子能想到更多之后再去深入讲解，如果孩子不能举一反三，还没有这个能力，家长们要更加耐心一点，给孩子一点时间，让他们慢慢理解，不要急于求成。

在家庭教育中怎样才能贯彻启发性原则呢？

尊重孩子的成长规律

孩子是学习活动的主体，自有其生长规律，家长要充分地尊重孩子的成长规律，给孩子一些时间慢慢成长，自己去探寻这个世界，不要急于求成，否则适得其反，也不要因为家长的心急火燎毁了孩子。

启发孩子积极思考

在家庭教育中，家长要善于引导孩子活跃思维，向更深、更远的方向去思考。利用孩子的好奇心，尽量提出一些少而精、富有启发性的问题，给孩子一些时间充分地进行思考，然后再一步步引导他们去深入认真思考。

"我们为什么要遵守交通规则呢？"小慧想了想瞪着圆圆的眼睛回答："因为这是国家规定的。""那为什么国家规定了，我们大家就一定要遵守呢？"这一次面对爸爸的提问，小慧思考了许久："因为不遵守交通规则就会被警察叔叔抓走。"爸爸进一步引导她："那么不遵守交通规则，会给我们的社会造成什么样的后果呢？"

听着这个问题小慧陷入了沉思，这次想了好久才回答："不但社会变得混乱不堪，而且慢慢地我们的生活也会变得一塌糊涂。"爸爸的问题一步步深入，小慧思考的时间也越来越长，但是在这一问一答中，小慧也渐渐了解到了遵守规则的重要性，对此有了一定的认识。

指导孩子善于思考

在孩子理解学习的过程中，家长结合他们的学习过程，对他们的思维方法进行指导，让孩子学会思考的方式方法，逐渐学会自己独立思考。

正在解题的方方摸不着头脑，爸爸先听了他的思考方式，然后对他的解题思路进行了分析讲解。遇到下一道同类型的题，他下意识地想去问爸爸，但是爸爸让他自己思考。想着之前爸爸讲给他的内容，方方自己按照规律一步一步推导，最后做出了题。

引导孩子动手实践

在平时的家庭教育中，家长要引导孩子对周围的事物进行详细的观察，亲自动手操作一下，在这种实践中激发和培养孩子积极思考以及解决问题的能力。

"田字格被横中线和竖中线分成了上下几层？左右几排？"孩子通过仔细观察，动手去数一数，很快就能得到答案，原来田字格是左上、左下、右上、右下的结构。这样的实践远比说教式的灌输更有力度。

发扬教育民主

这是启发原则的重要条件，它意味着家长在家庭教育中要创造和谐民主的教育氛围，鼓励孩子发表不同的见解，允许孩子向家长提出质疑，等等。

启发原则是一种教育指导方法，是尊重孩子生长规律的原则。家长们可以灵活运用启发原则，既可以满足孩子们对新事物的新奇幻想、探索实践，又能促进他们思维能力、想象能力的提高，促进他们不断思考、尝试。有时候适当的启发要比"揠苗助长"更适合孩子的成长，多给孩子一些时间成长吧，慢慢来，慢慢养，让家长和孩子在这个过程中一起进步。

✦ 感官原则：孩子性格上的伤，都是家长开的枪

"我家雯雯也不知道是怎么了，从小做事情就非常胆小，小心翼翼的，我们两个对她讲话大声一点，她就沉默着，像是要哭的样子。性格胆小又内向，这以后上学了可怎么办啊？"

"我儿子光光今年5岁，脾气特别暴躁，遇到问题就只会发脾气，大吼大叫的，有时候还会摔东西，甚至动手打人，将来要是工作了，这个性格可怎么在社会上立足啊。真是让我发愁。"

在孩子的成长过程中，家长总会发现孩子性格上的各种问题，并且对此十分担忧。对于孩子的胆怯内向，父母会担心孩子受到欺负，希望他们可以胆大一点；对于孩子脾气暴躁，父母又担心孩子以后无法和人和平相处，希望他们可以柔和一点。当孩子的性格状态达不到父母的心理预期的时候，父母就陷入了焦虑，甚至担心孩子是不是天生就是这样，却不知道每个孩子天生就带有自己的性格特质，但是会造成现在的这种性格，有时候就是家长不经意间的言语、行为导致的严重后果。

曾经有人调侃说，父母是除了裁判之外，最经常需要吼叫的、为数不多

的"职业"，而他们吼叫的对象就是他们自己的孩子，由于现在生活的压力很大，父母每天需要处理各种各样的事情，有时候与孩子交流的时候就会没那么有耐心，不自觉间就开始唠叨起来，责怪孩子甚至大声地训斥孩子，虽然每次在吼完孩子之后，父母都会担心给孩子造成不好的影响，自己却经常很难控制。

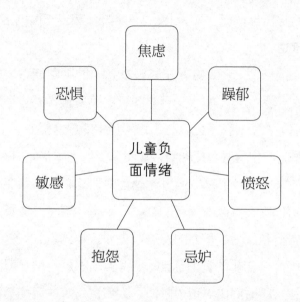

越来越多的专家认为，父母的吼叫和大声责骂会让孩子很焦虑，并且变得有攻击性，会使孩子极度紧张和恐惧。不恰当的教育方式，使孩子在心理上和精神上受到伤害，对孩子的性格造成极大的影响，可能会导致出现以下后果：

变得小心翼翼

父母的吼叫和大声责备，会使得孩子内心缺乏安全感，所以对于普通的批评，更害怕父母的吼骂。在平时的生活中，为了避免被骂，孩子一般都不敢表达自己的想法和建议，做事情也会小心翼翼的，生怕再次遭到父母的责骂，留下心理阴影后，即便是长大以后或者是听到父母大声讲话都会本能地感受到恐惧，因而形成了胆小内向的性格。

性格变得阴郁

经常受到吼叫和大声责备的孩子，有时候错不在自己身上，父母却大声责骂自己，他们会本能地因为害怕暴怒的父母而不敢辩解，因为自己的想法和解释没法表达，心情憋闷，慢慢就会形成阴郁丧气的性格。一方面孩子在心中明确知道父母是爱着自己的，但是另一方面又非常厌烦父母不理解自己，只会用吼叫和气势压倒自己，心理上处于一种痛苦和矛盾中无法自拔。

开始变得叛逆

父母是孩子的启蒙老师，在孩子还没有是非的判断能力之前，就会下意识地模仿自己父母的行为，如果父母的脾气比较暴躁，并且经常大吼，那么在这样的长期渲染之下，孩子也会在不知不觉中变成这样的人。

事实上孩子会产生这些心理现象，其实是受到了感官原则的影响。

感官原则在家庭教育中是指通过对感官的训练，发展和提高孩子的感知能力的一种教育原则，可以对孩子的视觉、听觉、嗅觉、触觉进行培养。意大利教育家蒙台梭利认为，智力的发展首先要依靠感觉，只有利用感觉的搜集和辨别，才能产生初步的智力活动。3岁到6岁是儿童发展感觉功能的重要时期，如果在这段时间内对孩子吼叫、大声责备等，可能会影响孩子的感觉合理发展，影响孩子的性格。

2009年到2018年，哈佛教授泰彻团队对曾经经常遭受父母语言暴力的年轻人的大脑进行了分析，经过调查发现父母如果长期对孩子大声责备吼叫，不但会伤害亲子关系，破坏家庭的和睦，还会影响孩子在性格、语言、记忆力、智商等方面的正常发展，使孩子在情绪的把控上更难，出现抑郁、焦虑等精神问题的概率也会很高。

针对这个问题，父母如何在家庭教育中利用感官原则理性教育孩子呢？

控制自己的情绪

很多父母看到孩子做错事情，或者触碰到一些东西，或者有危险动作的时候，就会大声地呵斥、吼叫。可能父母是出于担心或者愤怒等情绪，但是这种粗暴的方式不但不能让孩子立刻认识到自己的错误、认识到自己的行为是危险的，反而会吓到他们，会让他们感觉到恐惧，因为恐惧而认错，或者因为恐惧而对事物的好奇心、探索欲望降低，从而形成怯懦胆小的性格。

如果父母真的感到内心愤怒，建议花点时间先去平复一下心情，然后再对孩子进行教育，尽量改变自己说话的语气，多陪伴孩子，心平气和地和他们交流。用温柔的语气、耐心的态度对待孩子，让孩子从视觉、听觉中感受到父母的爱，进而增强安全感。

教育孩子要循序渐进、因人施教

循序渐进在家庭教育中是非常重要的，它是由简到繁、由已知到未知的过程。在家庭教育中，父母要根据孩子在敏感期的特点，把孩子对各种感觉的发展作为教育的重点。同时，应当根据自己孩子的个体差异，去采取与之相适应的教育方法，利用读、写、算等教学活动使孩子学习起来记忆更深刻，从而达到由简到繁的过渡。

经常鼓励孩子

很多时候，鼓励是可以帮助一个人成长的，在平时的教育中，父母多给孩子一些积极的鼓励，可以让他们明白自己所做的事情是正确的。父母的认可和鼓励是孩子最直接能够感受到的，长此以往，孩子就会变得越来越自信。

尊重孩子，换位思考

无论孩子年纪多大，都是有自尊心的，也是希望继续得到父母的认可和夸奖的，如果长期对孩子大吼大叫，是对孩子的不尊重。不要认为孩子年纪小就可以不尊重他们，有时候父母的不尊重会让孩子的性格变得自卑和怯懦。父母要学会站在孩子的角度，换位思考，尊重他们，这样才能培养出一个健康、自信、快乐的人。

世界上没有不爱孩子的父母，可也就是在无意间因为一些父母无知的爱意导致了孩子受到伤害，因此在陪伴孩子成长的过程中，父母要进行慢养，

穷养富养不如"慢养"

尽可能地给予多一点的耐心，也要尽量控制住自己的情绪，不要让自己的情绪占据了主导地位，请记住孩子的感官是很敏感的，不要把爱变成一种伤害，让孩子健康快乐地成长才是父母们最大的期望。

✦ 科学原则：棍棒底下其实出不来好孩子

有一位妈妈说，自己的女儿在学校里被一位小男孩推倒了，受了一点小伤，老师把她和对方的家长一起叫到了学校里商量处理方式。

小男孩的父亲非常明白事理，主动要求自己的儿子向女儿道歉，并表示以后再也不会随便打人了。最初小男孩没有表态，但是在父亲的威慑下，最后还是道歉了。

这位妈妈也表示谅解和宽容，但是在这个过程中，这位父亲的行为给她留下了深刻的印象。他一直在训斥孩子，并时不时地用手拍打孩子的后背，警告他：回家拿棍子打你。

这位父亲抱歉地对她说：都怪他儿子太调皮了，一定是因为太久没被打了才会在学校里打架闹事。

而反观小男孩在一旁瑟瑟发抖，表现得十分害怕。

这就是典型的棍棒教育。在现代社会中，许多家长都是在望子成龙的压力下，对于孩子的不听话、不成器恨铁不成钢，经常打骂那些不听话、成绩不理想、贪玩的孩子。久而久之，他们就把打骂孩子作为教育未成年人的"独门秘诀",甚至获得"狼爸""虎妈"之称。可是这种棍棒教育真的还适用于现代的社会吗？

在以前，棍棒教育之所以能够行得通，归根结底还是因为那时的子女很难拥有选择自己人生的机会和权利，即便他们有自己的想法、有自己的观点，也只能听从父母的安排行事，毕竟子女的命运与选择权都掌握在父母的手中。在每个人的人生都已经被人计划好的情况下，父母让孩子去服从、听话，不失为一种行之有效的教育。

尽管时代在变化，但是依旧有很多父母的观念还停留在以前，他们信奉棍棒教育，认为"棍棒底下出孝子"，只有这样孩子才会听话、按照他们安排的道路发展，走上为他们规划好的道路。这些父母一方面是不能面对自己在新形势下，对孩子教育中产生的无力感，另一方面他们觉得棍棒教育见效快，简单省事，可以第一时间看到孩子的改变，收到想要的反馈效果。

但是现在时代不同了，孩子拥有更多的机会，他们未来在社会上的核心竞争优势是他们各自的主观能动性和各自的独特优势。棍棒教育在今时今日已经不再适用于时代发展的需要，现在只有人文教育、因材施教的教育方法才能培养出有理想、有道德、有文化、有纪律的新时代人才。

研究结果表明，一般 2 岁到 6 岁的孩子被打骂，是因为调皮；6 岁以后，被打骂是因为不好好学习。家长打骂孩子最简单的理由就是孩子不听话，在家长的眼中，孩子涉世未深，缺乏经验，而自己吃的盐比孩子吃的饭都要多，他们的决定肯定是有道理的、正确的，但是孩子偏偏不买账。既然说不通是吧，好，那就一顿揍。这样孩子不说话了，默认了家长的话，世界都安静了。

可随着年龄的增长，孩子的自我意识会越来越强烈，他们会自己形成一套理论、做事的风格和理由，当孩子的想法、做法与家长有异议的时候，孩子就成了家长口中的"越长大越难管"、叛逆的代表。

事实上每个孩子都是一个独立的个体，他们都有自己的思想，有自己未来要走的路，家长不能一直用自己的思想去绑架孩子，有时候家长的经验教育未必真的适合现在这个日新月异、飞速发展的社会。

长期对孩子进行棍棒教育，会对孩子成长过程中的心理和性格造成很严重的伤害，带来巨大的负面影响：

◎伤害亲子感情

孩子与父母的关系本应该是孩子成长过程中最为亲密的关系，而在长期打骂过程中，孩子与家长之间的感情不断被割裂，最后留下不可修复的裂痕。

◎使孩子失去自信，悲观厌世

孩子在成长为一个成人之前，心理发展还不成熟，比较脆弱，是需要家长好好保护的。如果长期因为一些小事、错误就对孩子进行棍棒教育，会使孩子容易失去自信，变得自卑又厌世，觉得没有什么是自己能做好的，长此以往，会形成一种非常不健康的心理状态。

◎挫伤孩子智商发育

孩子在成长过程中，会对外界的新鲜事物产生很多好奇心，会有很强的探索欲望，但是如果经常受到父母的打击、棍棒教育，就很容易畏畏缩缩，为了避免挨打顺从父母的要求，没有了自己的主观能动性，没有了自我动脑的欲望，久而久之，智商就会变低。

◎使孩子形成说谎、报复等畸形人格

长期处于棍棒教育下，孩子为了减少挨打，可能会下意识地通过说谎来避免父母的打骂，时间长了就会形成说谎的习惯。并且有时候孩子可能在父母的强压下不敢明着对抗，但是背地里可能会做小动作报复父母，导致人格畸形。

◎孩子无法和人健康、平等、尊重地沟通处事

经过父母强势的棍棒教育，孩子本身就长期不曾受到过尊重，因此在平时的人际交往中，也无法和人平等健康地交流，拿捏不好尊重的尺度，对于别人的尊重会显得受宠若惊，使交往变得非常奇怪。

	亲密关系建立失败
棍棒教育对孩子的负面影响	自信心丧失
	智商发育缓慢
	畸形人格
	社交能力弱
	富有侵略性或怯懦、退缩
	身体状况差，失眠或嗜睡，营养不良

因此，棍棒教育是一种非常不可取的教育方式。在家庭教育中，家长更应该遵循科学原则，以一种科学的规律对孩子进行教育，而不是以自己的经验来教育孩子。真正的教育是让孩子成为一个完整独立的人。

童年时期孩子与父母的相处模式，会渐渐内化到孩子的心灵深处，形成内在父母和内在小孩，影响着孩子的未来发展和为人处世。内在小孩与内在父母和谐相处，充满了爱，孩子的内心才能拥有爱的能力，自爱又学会爱人如己。

那么父母如何脱离棍棒教育，贯彻科学原则，让孩子获取爱的能力呢？建议家长可以试试以下几种方法：

打骂孩子之前，先疏散一下自己的情绪

孩子犯了错误，家长固然会很生气，但是可以暂时转变一下自己的注意力，吃水果，或者是去阳台看一看外面的风景，吹吹风，冷静一下，又或者是给自己规定一个数，数完之后再对孩子进行教育。这个方法可以缓解一下家长当时激动的情绪，能够使家长更加冷静地面对孩子的错误，不至于动手打骂孩子。

给孩子时间去解释

从来没有无缘无故的错误，孩子做每一件事情都有他们自己的理由，在教育他们之前，先给孩子一些时间，听听他们这样做的理由是什么，适时地进行引导和教育，比起不听解释上来就直接动手教育要好得多，也更有利于管教和改变孩子的不良习惯和行为。

尊重孩子

孩子是独立的个体，家长总是会下意识地忽略这一点，觉得孩子什么也不懂，需要家长指点迷津，但是实际上孩子需要表达自己的想法，需要有这样一个空间去释放自己的想象力。家长应当尊重孩子的想法，这样为孩子以后成长为一个有想法的人，对孩子未来的发展都是有益处的。

家长使用棍棒教育，一定要三思而后行，虽然暴力打骂见效快，但是很可能毁了孩子的一生。

✦ **当孩子有这些行为时，说明你的教育超前了**

前一阵子茜茜妈妈每逢看到有孩子的家长就问："你孩子上学前班了吗？"

原来，茜茜开学马上就要升幼儿园大班了，但是最近很多同学都退园了。茜茜妈妈经过一番打听才知道，这些孩子的父母都给他们报了学前班，所以下个学期就不来上课了。

这个消息让茜茜妈妈的心里产生了极大的动摇，尤其是在班里只剩下 6 名小朋友的情况下，茜茜要不要继续上幼儿园成了她最头疼的问题。

原本茜茜妈妈坚持认为在这个年纪，孩子就应该快快乐乐地玩，而不是被繁重的课业、兴趣班压得喘不过气来。但是越来越多的孩子加入了学前班，她又很担心孩子会输在起跑线上。去还是留，真是两难的选择。

随着现代社会的竞争压力越来越大，不少家长也和茜茜的妈妈有同样的顾虑，本来不想给孩子压力，但又担心孩子跟不上，怕落于人后。这就是典型的超前教育的弊端带来的后果。

超前教育就是指不符合各年龄段的教育，大多是要求孩子学习较大年龄的孩子才应该学习、知道的知识，来达到看上去比别的孩子更加聪明的状态，在这种教育下"神童""少年大学生"层出不穷，这其中包含了很多父母的功利性心理因素。

但是超前教育真的有必要吗？超前教育真的让孩子的智力"超前"了吗？

其实并不尽然，越来越多的教育学家提出让孩子脱离超前教育，按照正常的生长规律进行教育。超前教育总体说来是违背规律的，对于个别的孩子可能是合适，但对于绝大多数的孩子并不适用。父母总是认为让孩子提前学会了加减法、认识了很多字就是智力"超前"了，但是事实上孩子智力发展的评判标准并不能仅仅靠掌握某种技能做决定。过早地接触这些则会导致孩子养成不好的握笔习惯、写字习惯等，到后来难以改正。

果果小时候是小区里有名的"神童"，在别的小朋友还在玩的时候，果果就已经开始学拼音、数数、识字，后来爸爸妈妈还给她报了英语班、奥数班、心算班、钢琴班和舞蹈班等七八个补习班。在果果 5 岁的时候，她就已经能做小学二年级的题了，英语水平也很高，邻居们谁不夸她是个"小神童"？

上小学一年级的时候，果果一直是全班第一，回到家里经常和爸爸妈妈吐槽说："同学们都太笨了，这么简单的知识都不会。"

但是从二年级的下半学期开始，果果的成绩突然开始下滑，一下从优等生掉到了中等生的位置，还经常不想去周末的补习班。在家长和班主任取得联系之后才得知，原来果果经常在上课的时候走神，不但不好好听课，作业也不好好写。

爸爸妈妈对这样的结果甚是不解，明明提前让孩子学了那么多的课程，怎么到后来成绩不升反降呢？

这就是典型的"三年级效应"。"三年级效应"指的是由于超前教育，小孩子在上小学一年级时，学习的内容已经学习过了，所以很轻松就能拿满分，但是养成了不认真听课的坏习惯。一直到孩子上了三年级，这个时候以前学习的知识已经用得差不多了，当老师开始教授新知识时，受超前教育的孩子由于长期缺乏良好的学习习惯和端正的学习态度，所以对陌生的新知识接受比较慢，从而导致成绩极速下滑，甚至因为强烈的挫败感而对学习产生了无力和厌烦。

除此之外，超前教育还有哪些弊端呢?

◎**导致孩子盲目自信**

由于孩子超前的知识储备，上小学之后会因为老师教的东西都会而觉得自己比其他人都聪明，从而使孩子盲目自信，变得骄傲自大、目中无人。

◎**孩子的求知欲被磨灭**

学习是一个不断探索的过程，对于接受超前教育的孩子来说，上一年级时老师教授的知识都是重复的，孩子就会觉得非常无聊且枯燥，刚开始还可能注意力比较集中，但久而久之孩子就会对学习失去兴趣，求知欲也会渐渐泯灭掉。

◎**容易使孩子无法养成良好的学习习惯，影响以后学习**

接受超前教育的孩子在刚开始的学习中一直处于一种"吃老本"的状态，直到自己的知识储备被掏空。在这期间孩子很少能养成良好的学习习惯，因此会影响以后的学习状态，在未来的学习生涯中举步维艰。

◎**孩子容易变得消极**

接受超前教育的孩子，被父母过早地剥夺了快乐的童年生活，这导致孩子丧失了原本该有的活力，并且小小年纪就每天对着书本，无法出去和小朋友玩、社交，难免会变得沉闷、消极。

◎**孩子的想象力和创造力被扼杀**

国外的儿童心理研究院做过这样一个实验:找人用简单的语言描述一幅画，然后让两组孩子分别根据自己听到的内容来作画。一组孩子接受过超前教育的学习，另一组孩子没有接受过。两周以后，教授再次重复这个实验，得到的结果却和之前完全不同。接受过超前教育的孩子画的画和上一次几乎一模一样，而没有接受过超前教育的那组孩子，画的内容和上次完全不同。实验得到的结论很明显，越早接受超前教育的孩子，想象力和创造力受到的限制越多，消耗越大。过早地失去想象力和创造力，虽然暂时比同龄人知道得更多，但是失去了未来更多的可能性。

那么家长在孩子的幼儿阶段更应该重视哪些教育呢？

第一，激发孩子的求知欲。孩子在幼儿阶段对任何事物都很好奇，对任何事物都有一种新鲜感，家长可以好好利用这个时期，教孩子一些简单的入门级别的知识，像是教孩子数数，或者是认识简单的字，也不需要每天教孩子很多，一天教一点，始终保留着新鲜感，这样孩子就会对知识越来越渴望。

第二，培养孩子的学习兴趣。孩子在幼儿阶段就像一张白纸，需要家长一笔一笔地描绘。在这个时期，家长可以多带孩子接触一些事物，比如弹钢琴、画画、跳舞、唱歌等，当发现孩子对哪个是真正感兴趣的，就可以好好专注在这方面进行培养，这样比家长不顾孩子的意愿，随便报一堆孩子压根不感兴趣的班更容易培养出孩子的学习兴趣。

第三，培养孩子的良好习惯。良好的行为习惯是孩子成长过程中必须培养出来的，对孩子的以后有非常重大的影响。我们经常能在生活中看到很多孩子上学之后还是经常丢三落四、桌面上乱糟糟的、上课找不到课本、听课也心不在焉、经常走神等，即便家长反复教育还是收效甚微，这些都是源于小时候没有养成良好的习惯，长大后再想改就很难了。因此，只有在小时候就养成良好的习惯，在未来的学习和生活中才会更加轻松、自律。

正所谓，"花有重开日，人无再少年"，家长们别早给孩子灌输那么多知识，别着急催着孩子长大，如果条件允许的话，请多陪孩子走一段路，多看一处景，多做一会儿游戏。父母能够给予孩子的最好礼物，也许就是让孩子慢慢来，穷养富养都不如"慢养"啊！

第三章

问题归因：不慌不忙解决孩子成长带来的挑战

孩子总是爱哭闹；在幼儿园里和小朋友打得不可开交；孩子总是爱说谎……在教育孩子的过程中，这些问题往往令父母感到棘手，那么，从教育学角度是怎样解决这些棘手的问题，让家长可以不慌不忙应对孩子成长的挑战的呢？

✦ 哭的问题：孩子总是爱哭鼻子

"我的女儿静静特别爱哭，至少一天一小哭，有时候还会号啕大哭，我怎么说、怎么哄都不行，根本停不下来。她这一哭，弄得我特别烦躁，脑袋都疼，心里七上八下的，只能想尽各种办法让孩子不要再哭了。"

"我家闹闹 4 岁了，小时候见到陌生人要哭，到了陌生的地方也要哭，有时候天黑了要哭，打雷下雨也要哭，可愁人了。前阵子为了让他的胆子大一点，我带着他去参加早教班，别的小朋友都玩得很开心，就只有闹闹，我一离开他就哭，老师怎么哄都哄不好。"

在和孩子相处的过程中，父母会发现有的孩子总是喜欢哭鼻子，对于孩子的哭，一般家长都会采取制止的策略，不是训斥孩子，就是不理睬孩子，希望孩子能够自己停下来。但是事实上，这种方法并不能从根本上解决这个问题，甚至还会给孩子弱小的心灵造成伤害。那么到底家长们要怎么样对待爱哭鼻子的孩子呢？

首先我们要了解，哭是孩子内在情绪的外在表现。有时候突然离开自己父母、在学校里被同学嘲笑、老师要请家长心里害怕、作业做不完着急等情况下，孩子都会用哭的方式来表达自己的情绪。

爱哭的孩子一般都有丰富的情感，他们天生的共情能力比较好，对于感受的变化很敏感，但又不是很会表达情绪，于是哭成了他们发泄情绪的一种通用方法。就像大人有时候在压力太大的时候也会选择用哭来缓解心中的情绪一样，所以如果你的孩子经常哭鼻子，请不要去责怪他们为什么遇到事情不能好好说，非要选择哭。表达不出心中的情绪，这才是孩子选择哭的原因，作为家长更需要去好好帮助孩子学会如何去表达。

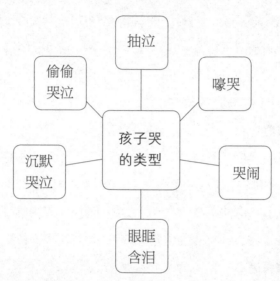

当然孩子爱哭可能还有一些其他的原因，比如：

哭是获取东西的手段

在现代社会，大多数的家庭都是独生子女居多，对于仅有的这么一个宝贝孩子，是含在嘴里怕化了，捧在手里怕掉了，对于孩子的哭总是十分心疼，因此从小只要孩子一哭，家长就会妥协，满足他的各种要求，这种做法让孩子感觉到用哭的方法就可以得到自己想要的东西，或者可以避免做自己不想做的事情，所以为了满足自己的欲望，孩子就会故意地哭。

孩子的语言能力表达不够

这个情况可以分为两种：一种是家长或者带孩子的人对孩子照顾得太过

周到了，从小孩子不用说话，只是用哼叫或者用哭、指的方式，大人就知道他想要什么，立马给他拿过来。家长觉得这是对于孩子的照顾，殊不知在某种程度上是害了孩子。由于不需要说话就能得到自己想要的东西，孩子的语言表达能力无法获得成长，于是他们就会用哭的方式来表达。

另一种情况是孩子内心觉得委屈、难受、生气，但是他们无法用言语表达出来，无法向父母说明，所以经常用哭鼻子来表现自己的情感。

父母的态度太过严厉

有的父母性格比较强势，对孩子的教育比较严厉，遇到一点小事，就会对孩子疾言厉色，吓坏了孩子，他们下意识地哭泣以博取同情。在获得别人的心疼之后，他们就会在下次被严厉对待的时候不自觉地以哭泣示弱，久而久之就变成了爱哭的"小媳妇"模样。

常常被父母忽略

在日常生活中父母有很多事情需要处理，有时候连孩子的基本需求都不能满足。比如父母不能经常陪伴在孩子身边，或者父母总是要忙着照顾老人，或者忙自己的事情。在这种情况下，孩子被爱的感觉、安全感等得不到满足，他们就会显得焦虑不安，经常表现出爱哭或者是不快乐的表情。

孩子天生多愁善感

用天生的气质来形容，就是情绪本质偏向负面的孩子。这类孩子在遭受到不如意的事情的时候，通常会用较为负面的行为动作来表达自己的不满，比如哭闹、发脾气等。这是他们天生的个性倾向，但是家长不太了解，很容易和孩子闹矛盾，认为孩子是故意的，以至于对孩子进行训斥、吼叫，使得家长和孩子之间经常闹得不愉快，无法心平气和地与孩子交流和教育孩子。

孩子虽然年龄比较小，但是他们的情绪和成年人一样复杂，所以父母千万不能忽视他们哭泣背后的千万种动因。

在我们的生活中，和人际交往法则一样，当我们遇到对方的情绪起伏较大的时候，我们一般最先要做的就是帮助对方调整情绪，然后再解决问题。

对待孩子哭鼻子的问题也是一样，当孩子哭时，家长难免会变得烦躁，一烦躁就很容易将注意力全部集中在自我感觉上面，进而就很难和孩子平和地沟通，就更别提尝试去理解孩子了。孩子会因为感受不到父母的理解，而进一步压抑自己的感情表达，最终导致更严重的问题。

因此家长需要正确地认识到，孩子的哭并非无理取闹。哭在某种程度上是他们向家长请求帮助的信号。共情能力的核心是同理心，家长需要站在孩子的角度来看待哭的问题，帮助孩子走出这个困境，让他们慢慢了解和认识自己的情绪，学会如何处理情绪，而不是总以哭的方式进行表达。

那么家长要怎么样做才能减少孩子哭鼻子的情况，让孩子觉得自己真的被理解和尊重了呢？

不要因为孩子小而忽略他们的感受

在和孩子的相处过程中，家长不要因为孩子年纪小就忽略孩子的感受和想法，尤其是当孩子和父母出现不同意见的时候。这个时候孩子因为年龄小，语言表达能力还未成熟，自己的想法很难用口头完全表达出来，面对不同的意见，孩子往往着急不知道该怎么样表达，如果父母的态度更强硬一些，孩子没办法或者没机会表达自己的观点，就会用哭闹来表示反抗。因此在平时的交流中，父母要适时地和孩子进行沟通，慎重对待孩子的看法，不要忽略他们的感受，引导他们慢慢来，一点一点说清楚自己的看法和理由。

放慢生活的节奏，耐心倾听来自孩子的声音，尊重孩子

在现代快节奏的生活中，我们总觉得时间来不及了、这样不方便、这样不好、没必要这样，不由自主地将自己的看法强加给了孩子，其实真的没必要让孩子也这么早地陷入这种焦虑之中，家长更需要放慢节奏，包括说话的节奏和生活的节奏，学会耐心倾听孩子的想法，让孩子感受到自己还有机会去表达不同意见，慢慢地，孩子在阐述自己的意见的时候就会变得更加从容和自信了。当面对孩子说得有道理的时候，父母不要摆出家长的威严强迫孩子接受自己的观点和看法，而是要尊重孩子。

反复引导鼓励孩子说出理由，亲子关系更融洽

父母要多鼓励和引导孩子说出理由，反复尝试，多给孩子一些时间，多给孩子一些机会，这样孩子才能学会慢慢体会运用，在有过一两次成功的经验后，孩子的意识会得到强化，明白有不同意见要说明理由，哭并不能解决问题，以后在生活中也会慢慢明白如何去应对了。这样能让孩子更加地信任爸爸妈妈，培养孩子独立思考的能力。

3岁的可可就经常会在和爸爸妈妈有不同意见的时候非常着急地说出自己的观点，但是越着急越说不清楚，最后急得直哭。每当这个时候，可可的爸爸妈妈就会开始引导她："别着急，慢慢说，光是哭是没有用的，只是哭别人也不会知道你的意见是什么，每个人的想法都不一样，如果别人不同意你的意见，你就要想办法说服别人，或者说明白你的理由。"

孩子的哭是在没有找到更好的情绪表达方法时不由自主的选择，家长要慢慢给予他们时间，陪伴他们进步，而不是强硬地干涉，这样才能使亲子关系更加融洽。

✦ 暴力问题：怎样去引导专横的孩子

"我们家果果 2 岁多的时候，在上早教课时会忽然抬手拍身边小朋友的脸，而且周围一旦有什么惹到她，她就会立刻反击。之前有一个小朋友走路经过不小心撞到了她，她的小巴掌立刻就跟了过去，一次没打着，还要找机会打第二次，可愁人了，怎么会变成这样呢？"

"我的儿子航航性格急，别人说了他不爱听的话，他就会暴跳如雷，有时候甚至会动手打人，我骂也骂了，说也说了，怎么管教也不行。这样时间一长，都没有小朋友愿意和他玩了，看着孩子一个人孤零零的，我心里也挺难受的。"

其实孩子爱打人的习惯并不是一天养成的，这个坏习惯在童年已经可以引起孩子间人际关系的紧张了，甚至往后继续发展的话，会形成严重的社交障碍。打人只是孩子攻击性行为的一种，其他可能引发孩子社交障碍的攻击性行为还包括语言攻击和关系攻击，比如辱骂、嘲笑、大声喊叫、给别人起外号、挑拨别人关系、背后说别人坏话，等等。如果这些攻击性行为不能在早期出现就及时被遏制，可能会严重影响孩子的未来。

穷养富养不如"慢养"

心理学家韦斯特曾经做过一个长达 14 年的追踪研究，研究结果表明，70% 的暴力少年犯在 13 岁时就被确认为有攻击性行为，并且孩子的攻击性水平越高，今后犯罪的可能性越大。另一项研究结果表明，不管是男孩子还是女孩子，如果在 10 岁左右非常喜欢发脾气，那么他们长大后大多数和同事的关系都会非常紧张。

由此我们可以得出结论，攻击性并不是某一个年龄段特有的表现，它具有持续性，这种攻击性一般在童年时期就会显现出来了，成为今后各种行为问题的前兆。

那么这种攻击性行为影响这么严重，是不是孩子所有的攻击性行为都需要被制止呢？

不一定，需要根据具体的情况进行分析。在经过很多专家的研究之后，我们了解到攻击性行为会随着年龄的增长而发生变化。在攻击性行为的类型上，在幼儿期的孩子表现得更多的是工具性的攻击行为，年纪比较大的孩子表现得更多是敌意性攻击。

那么，什么是工具性攻击和敌意性攻击呢？

工具性攻击就是指儿童为了争夺物体、领地或者权力之类的东西进而发生冲突时发出的攻击性行为。孩子只是为了能得到自己想要的东西，或者保护属于自己的东西，他攻击的本意并不是想要伤害别人，但是不小心真的伤害到了别人。举个例子，在幼儿园里，小朋友有时候会去抢夺另一个小朋友的玩具，他的目的是为了得到玩具，而攻击只是获取玩具的手段。

敌意性攻击则与之相反，敌意性攻击的目的是伤害别人，孩子使用敌意性攻击，通过伤害别人的身体或者心理得到满足感。举个例子，还是针对玩具的抢夺问题，如果小朋友抢夺这个玩具的意图不是为了拥有、获得，而是只为了让别的小朋友哭的话，那么很有可能在那之前，他认为自己是被欺负了，所以才动手的。

所以如果孩子还处在年幼的阶段，一些暴力的手段，家长完全可以不必如临大敌，但如果孩子已经到了3岁以上还是十分热衷于打架，那么家长就需要重视起来了。如果不加以重视，家长还以孩子年纪小、没有恶意为理由不给孩子立规矩、及时纠正的话，那么孩子到了一定年龄，这种攻击性行为越来越严重的时候，就会造成不良的影响，甚至影响孩子的社交。

面对这种情况，家长要怎么做才能减少孩子的暴力行为呢？

首先，要探究孩子打人的原因，从根本上消除打人动机。

对于孩子打人的问题，家长一定不能一上来就不分青红皂白地批评，大声责骂甚至是动手教育他们。一般孩子的暴力行为，几乎都带有明显的意图，不管是因为想要获得玩具进行抢夺，还是对其他人进行恶意的攻击，都希望家长不要着急，先问一下孩子打人的原因，明明解决问题的方法有很多，为什么一定要采取暴力的方式呢？得到孩子的回复后，家长再进行判断，看看怎样教育孩子比较好。

其次，对孩子进行移情训练，培养亲社会行为。

科学调查发现很多习惯霸凌甚至少年犯罪的孩子，对于别人情绪的共情能力很差，他们感受不到被他们欺负的孩子的痛苦，或者对于这种痛苦视而不见，这是从小欠缺最基础的移情教育的表现。面对这种情况，家长要让孩子从小就能理解到，如果做不好的事情就会使周围的人身体痛，家长会生气、难过、失望，家长要将这些情绪表现出来，让孩子感受到。

还可以去买一些与情绪相关的卡片，和孩子一起观察，难过的人、生气的人会是什么样的表情，这样不但可以激发孩子的同理心，还可以训练孩子对于情感情绪的反应能力。比如家长可以和孩子进行角色扮演，让孩子扮演被欺负的小朋友或者胆小的小动物，体会一下他们的情绪，这样可以很好地让孩子学会换位思考，下一次动手之前想到角色扮演时的感受，就不会轻易动手打人了。

再次，建立良好的家庭环境，发挥榜样的带头模范作用。

中国有句老话叫作"身教大于言传"，因此在孩子的暴力性行为这方面，家长每天说一百遍都不为过。家长作为孩子的启蒙老师，孩子在对这个世界还没有完全认识的时候，经常会下意识地模仿和学习家长的行为，所以家长之间要发挥榜样的带头模范作用，互敬互爱，不要因为一点小事情就吵得不可开交，发生剧烈的冲突，尤其是当着孩子的面，即便是有矛盾，也不要言语相向，相互指责、相互攻击，更不要动手打架。否则看在孩子的眼中，孩子就很有可能效仿，发展成为暴力人格。

同时，家长还要尽量杜绝"绝对权威型"父母和"棍棒教育"的家庭教育方式，营造一个良好的家庭环境，让孩子远离暴力的影视作品，形成良好的性格习惯。

最后，对孩子进行引导，减少人际冲突，不要给孩子贴标签。

当孩子出现因为一些暴力行为而导致的人际关系的冲突，家长可以教给孩子如何建立良好的人际关系。比如教会他们怎样道歉、学会分享、怎样表达关心、如何融入集体中、如何躲避攻击。有时候并不用一次教太多，只需要教他一点话语、一个方法，让孩子在角色扮演中利用起来，然后再用到实际的生活中去。

除此之外，当孩子频繁出现敌意性的攻击性行为时，家长不要急于给孩子盲目地贴上标签，如"你爱打人，所以你是坏孩子""你这么专横，以后没人会喜欢你"等，这些标签不知不觉间就会强化孩子对自己的认知，对孩子的人格发展会产生严重的影响，需要家长们重视起来。

美国一位儿童问题咨询师曾说过："最需要爱的孩子，往往会通过最不可爱的方式来讨要爱。"因此希望家长能够多向孩子表达爱，多付出一些时间陪伴孩子，毕竟穷养也好、富养也罢，都不如陪着孩子慢慢长大，"慢养"孩子。

✦ 情绪问题：孩子吵闹、尖叫不要慌

敏敏已经 2 岁了，妈妈在平时的生活中总是会发现敏敏有时候会大声尖叫，吓得她一激灵，甚至有时候会故意地吵闹，情绪上来了，需要她哄好久才能好。

"在家里还好，但是一到公共场合，敏敏还总是尖叫、吵闹，非常影响周围的人，有时候看着周围人的眼神，我觉得尴尬极了。而且老师还反映，敏敏在幼儿园的时候，有时候没有得到自己想要的玩具也会吵闹、尖叫，甚至和别的同学互相攀比，看谁叫得声音大。"

很多家长随着孩子年龄的增长，逐渐发现，孩子经常会大声尖叫、不停地吵闹，真是让他们头疼。其实孩子的尖叫有很多种，高兴的时候、反抗的时候、愤怒的时候、模仿别人的时候、寂寞的时候孩子都会尖叫。孩子为什么会尖叫呢？这个问题让很多家长百思不得其解。

原来孩子无缘无故尖叫并没有什么别有用心的动机，他们的听觉和声带都处于发育时期，当他们发现自己能够控制声带、制造出声音之后，他们就会从中获得巨大的成就感，同时在这个阶段，孩子喜欢听各种奇怪的声音，

并且不能理解这些声音对成人造成的极大困扰。除此之外孩子还可能是想通过尖叫、吵闹等来吸引家长的注意力。那么如果想要孩子从尖叫、吵闹中平静下来，家长该怎么做呢?

尽量用柔和的语气和孩子对话

当孩子怎么都不愿意停止尖叫时，家长要尽可能地用一种非常柔和的语调和他对话，在交流的过程中，家长只需要告诉孩子，他的尖叫声让你感觉到非常不舒服，用温柔轻缓的声音让孩子渐渐冷静下来，让他跟着照做，孩子慢慢就会意识到温柔的声音才是自己最需要获得的东西，这样就会渐渐减少尖叫与吵闹了。

了解孩子的感受，转移注意力

孩子尖叫吵闹的原因有很多，或许直接去问问他们为什么想要尖叫是最快的解决办法。家长了解了孩子的感受之后，认可他们的情绪，并描述出他们的感受，和他们好好商量，在一定程度上可以缓解孩子的情绪。或者家长还可以利用孩子的注意力短暂这一点，用玩具、零食和其他的东西分散他的注意力，将他们从不好的情绪状态中转移出来。

多和孩子一起玩

如果所处的地方合适，家长也可以尝试加入孩子的"尖叫游戏"，一起尖叫之后过渡到另一个游戏。但如果是在公共场合，还是尽量选择一种比较安静的游戏去做。

对孩子的良好行为进行奖励

当孩子听从你的引导建议，停止尖叫吵闹，或者安安静静地度过了整个外出时间，对于孩子这种表现良好的行为，家长可以适当地对他进行一些奖励，比如让孩子选择他们喜欢的冰激凌作为下午的甜点，或者买一个他们期待很久的小玩具等，不要仅仅做出一些空洞的承诺，让孩子感受到这样做的好处，可以更好地引导和教育孩子。

说了这么多，其实我们可以把孩子的尖叫问题、吵闹问题等都归结于孩子的情绪出了问题。情绪是自然的体验和感受，但人并非天生就能分辨出自己所有的情绪，尤其是对于还无法表达清楚自己是什么感受的小朋友而言，在出现负面情绪的时候，他们通常只会翻来覆去地说"不开心、不高兴、难受"，在他们简单的世界里好像就只有开心和不开心两种情绪。会出现这种问题的原因还是在于平时没有人教过孩子如何分辨自己的情绪。

教孩子认识情绪，可以大致朝两个方向去进行：

一是拓宽广度。在平时的生活中，家长可以多留意身边的事情，和孩子聊一些关于情绪的话题，比如可以尝试给孩子用不同的词语描述自己以及孩子的情绪，像是"我们一家人去吃了大餐，我们好幸福""今天工作上被领导批评了，妈妈很烦躁"等。还可以在给孩子讲故事的时候，对于故事中人物的情绪进行些许的描述，不要以"开心、高兴、难过"这类词笼统地概括。

二是加强深度。家长还可以帮助孩子加强对某一种情绪的理解，比如买一些针对某一些情绪的绘本给孩子，也可以针对孩子现实生活中发生的问题进行深入的探讨和理解，帮助孩子认识情绪。比如当孩子和朋友吵架，让孩子口述发生的情况，家长可以为他们分析这里面包含的生气、受伤、焦虑等情绪。

当孩子出现情绪的时候，家长要尽量平和地接纳他们的情绪，这样孩子就会接收到一个信息，那就是"有情绪是正常的东西，我可以坦然地面对它"，孩子从家长这里学会了接纳自己的情绪，在以后遇到情绪问题，就会积极地去应对。如果孩子的情绪总是不被接纳，总是在压抑自己的情绪，那么久而久之就会出现问题。在孩子学会接纳情绪的基础上，家长再进一步地帮助孩子处理情绪行为等就会事半功倍了。

其实情绪的表达也是需要学习的，很多孩子情绪激动的时候只会哭闹、尖叫，并不能很好地表达出自己的情绪。一般的情绪表达可以用语言来表达，尤其是想要抱怨的时候，家长可以对孩子描述一下自己对于孩子的某种做法的情绪，然后加上自己希望孩子可以怎么做。这点需要家长先做到，然后再指导孩子这样做。举个例子：

天天平时放学之后六点之前就回到家了，但是今天不小心和同学玩疯了，直到七点多才回家。爸爸对他很生气，于是这样说："你比平时晚了一个小时回家，我完全不知道你这一个小时去哪里了，非常担心你。现在看到你平安回来了，我才放下心来，但是看到你这么晚回来，我又有些生气。我希望你以后玩也要有个限度，如果会晚回来，应该和家里人提前说一声。"天天感受到爸爸对他的担忧，立刻表示以后不会再这样了。

用语言来表达情绪其实更适用于语言和思维发展已经比较完善的大孩子和大人，对于年纪还比较小的孩子而言，表达情绪需要更多非语言的方式，比如通过画画、用玩偶讲故事、做游戏等方式来发泄他们的情绪。

情绪是非常正常、非常自然的人类体验和感受，无论什么样的情绪都有其存在的意义，只有不恰当的处理方式才会对人造成伤害。越早学会接纳自身情绪的孩子，对自己的情绪察觉力越高，越容易管理自己的情绪，因此家长应从小就教会孩子怎样认识、接纳和表达情绪，这样孩子才不会被情绪带着走，才能成长得更阳光、更自信。

✦ 社交问题：害羞不是问题，如何让孩子"大方"起来

"我家孩子在家的时候非常活泼开朗，但是家里一来客人，或者是带着他出去见到陌生人，他就会先看看那个人，虽然也会笑，但是总是偷偷地笑，把头埋在我的怀里，然后再去看客人，再接着笑，如此反复，手也是紧紧抓着我的肩膀，有时候甚至就躲在我身后，也不怎么爱说话，这是怎么一回事？"

上面案例中的孩子，其实就是一种害羞的表现。有的孩子看到陌生人会变得害羞，甚至不好意思，无法和别人对视，所以就下意识地躲在妈妈的怀里。这种行为在大多数的妈妈眼中就是不主动、不积极，因此妈妈会比较着急地想让孩子去打招呼、去社交。

那么害羞是一件不好的事情吗？答案当然是否定的，害羞本身是一种中性的行为，无所谓好与坏，只不过害羞的背后所反映出的孩子心理问题，是值得父母思考的。

害羞是人内心中的一种不安的情绪，是内心缺乏安全感的表现。从积极的方面来看，害羞是孩子进行自我保护的一种选择。在陌生环境中，孩子不熟悉周边的人或事物，所以不开口表达自己的观点和看法，注意观察四周。

这样的孩子一般做事情认真又仔细,更加善于倾听,对于情绪的察觉力比较高,对别人有更多的同理心和包容力。因此害羞不是一件不好的事情,而是一种特质和能力。

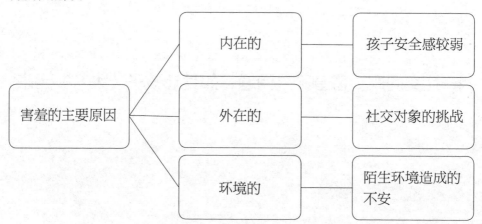

害羞又分为两种,一种是拥有健康自我价值的害羞孩子,他们会跟他人有目光的交流,只是不善表达。另一种是个性思想比较深刻和谨慎的,主要体现在对待陌生人时的慢热,这类孩子一般会随时观察这个陌生人是否值得交往,花时间观察对方是他们自我保护的一种方式。作为家长,面对外界质疑孩子的时候,应当坚定地站在孩子的立场上,理解他们的恐惧和困难,更积极地去保护孩子,缓解孩子心中的恐惧,多鼓励孩子,帮助孩子适应环境,让他重新变回活泼开朗的样子,而不是站在孩子的对立面去挑剔他们的毛病。

但是从消极的方面看,害羞虽然是一种正常的生理现象,但在现实中害羞并不被赞美,并且害羞的人在社会中常常处于不利地位。

美国的心理健康研究中心此前发表过一份涉及1万名年龄在13岁到18岁青少年的研究报告,报告中显示有将近半数的孩子表示自己生性害羞。即便是这样常见的一种性格,但是在学校和社会中通常没有人会赞美,并且一般性格害羞、上课不喜欢举手、不喜欢社交的孩子通常在社会中更容易处于不利地位,容易在学校和各种场合中受到忽视。

虽然在陌生环境保护孩子的害羞是家长很应该做的一件事情,但是研究者反对过度保护，毕竟孩子未来要在社会中生存，还是非常需要进行交流和表达的，如果孩子过分害羞，很有可能会影响孩子的正常生活、学习和社交，甚至会影响孩子未来的发展。

那么，害羞有哪些危害呢？

害羞容易使孩子自卑

本身比较害羞的孩子通常自信心比较缺乏，总会对自己持一种否定的态度。他们总认为自己长相一般，能力水平一般，或者是没有魅力，不善于表达等，对自己的评价很低，面对挫折或者受到别人嘲笑的时候，他们会更容易被负面情绪掌控，同时自卑心理会越发严重，长此以往就会变得更加内向，形成不良的后果。

害羞影响孩子社交

害羞会直接影响孩子和他人的相处，因为害羞的孩子大多比较慢热，在别人的眼中很有可能留下沉闷无趣的印象，不太受别人欢迎，甚至会对他们产生回避，在无形中与他们保持距离。原本害羞内向的孩子就不善于表达，不愿意与别人交流，被别人这样对待之后，孩子的孤独感就会更加强烈，就更不想和别人交流了，长此以往形成恶性循环，使得害羞的孩子很难快速地融入同龄人的圈子当中。

害羞影响孩子语言等认知能力的发展

害羞的孩子不愿意和别人交往，说话的时间比别人少很多，久而久之，会影响到孩子们的语言能力和情绪发展认知。

导致孩子害羞的原因有很多，可能是由孩子天生的性格决定，也可能是由于孩子曾经遭遇过很尴尬的事情、遇到过挫折导致的，又或者是因为孩子不自信，对于事情没有成功的体验，或者是缺少方法和技巧，不知道该怎么去做这件事，等等，这些事情都会导致孩子形成害羞的性格。

所以面对孩子这种害羞，家长要反思自己的言行，在保护他们的同时学会引导孩子告别害羞，大方起来。

穷养富养不如"慢养"

不要随便给孩子贴上害羞的标签

星星周末和妈妈去朋友家串门,阿姨很友善地和星星打招呼,可是他躲在妈妈的身后不出声,妈妈又急又无奈,只能开口解释:"他很害羞,不好意思说话。"当阿姨招呼星星吃点心的时候,星星也不吱声,紧紧地挨着妈妈的胳膊,妈妈就只好说:"他太害羞了,别管他,一会儿他想吃就会去拿了。"

其实当着孩子的面说他害羞是一件非常不妥当的事情,因为这样随意地给孩子贴上害羞的标签,会使孩子就真的觉得自己就是这样的,并且认定这个标签之后,即使他想走出第一步,也会下意识地胆怯,不敢走向别人,面对不喜欢、不擅长的人或事,也会用害羞作为借口逃避。因此在孩子有害羞的行为的时候,家长最好不要直接说孩子害羞,而是要继续和客人谈话,并给孩子足够的时间和信心,告诉他"准备好再加入我们"。

有时候家长知道孩子害羞就一直纵容他们,这样是不对的,家长应当和孩子进行沟通,鼓励他们开口说话,并告诉他们,别人和他们说话,但是他们不搭理别人是不对的、不礼貌的,如果可以最好告诉别人不想说话的理由。在把道理讲明白之后,可能孩子就不会再那么恐惧和别人说话了,慢慢习惯主动说话,就不会再害羞,变得大方起来。

多带孩子外出社交

有的时候孩子从小被老人带大,由于身体和精力的原因,老人很少带孩子四处玩,父母忙于工作,于是孩子就经常在家中或者小区里面待着,缺少社会活动,这在一定程度上也会导致孩子的内向和害羞。为了解决这个问题,需要家长多关注孩子的生活,多带孩子出去走走,去一些可以放松身心的地方,让孩子多接触新的环境和人,开阔眼界、增长见识,最好让孩子多和熟悉的同龄人接触,选择外出的地点应该尽量由近及远,这样既能消除陌生感,又能增强孩子的社交能力。

鼓励孩子大胆交流

孩子害羞、不愿与别人交流，家长要及时鼓励孩子勇敢地迈出第一步。当孩子开始尝试进行交流的时候，即便面对孩子只有一点点进步，家长也要进行表扬，肯定他的做法，这样会给孩子信心。同时家长还要注意孩子的自尊心，要避免在孩子面前表扬其他性格开朗爱交际的孩子，因为这可能会加重孩子的害羞心理，虽然有的家长认为这样会鼓励孩子，但是效果完全相反。

害羞并不是孩子的错，是天性所致，家长要多给孩子一些时间，慢慢引导，给予他们更多的爱，帮助他们活泼开朗起来，变得更加阳光！

✦ 怯懦问题：认识内疚感，正确看待孩子胆怯

"我儿子亚亚马上 4 岁半了，他在家很活泼，但是一到了外面就有点发憷，看到陌生人会躲在我的身后，说话声音小得就像蚊子，他说一遍我还要给朋友复述一遍，他已经快 5 岁了，又是男孩子，这么腼腆，现在社会竞争又这么激烈，以后怎么在社会上立足啊？"

"我女儿媛媛今年 3 岁，前几天朋友约我一起遛娃，想到他们的孩子也都是三四岁，我就同意了，想着也能给孩子找个玩伴，可谁知道，整整一天女儿都和我黏在一起，怎么推都推不出去，看着别人家孩子一起唱唱跳跳的，我真是又尴尬又着急。"

类似于上面的情况，现实生活中并不少见，每个孩子生来都带有自己的性格特质，有的孩子外向，有的孩子内向腼腆。内向和外向并没有绝对的好坏之分，我们所谓的坏，不过是身为父母过分焦虑的结果。

面对孩子的胆怯，父母常常焦虑不已，我们总希望孩子可以变得胆大一些。因为作为父母我们又总是习惯性地关注孩子某一阶段表现出的状态，当状态欠佳或者达不到我们的预期时，我们又会习惯性地将未来朝着坏的方向做设

想，但很少有人会花过多的时间来反思自己及在教养方式上存在的问题。

心理学家表示，孩子胆怯可能是由于两方面的原因：一方面是先天因素的影响，有些孩子生性性格内向，他们的气质类型属于黏液质、抑郁质类型，这类孩子往往表现得较为胆怯。另一方面则是由于教育不当引起的，也就是父母可能存在的教养误区，这里将从以下几个方面来详细阐述。

父母过于严苛，常当众训斥或责难孩子

大多数父母在面对孩子胆怯问题的时候，并不能正确客观地来看待孩子的个性特质，也就是说在传统观念中，父母常会认为胆怯是不好的。因而很多父母或者老师会以简单粗暴的方式来对待孩子的胆怯，并且还给这种方式冠以"鼓励"和"为他好"的说法。

5岁的妙妙学画画一年多了，他们课程设置较为有意思的一点是：每堂课结束的时候，都会留给小朋友们分享自己作品的机会。可是妙妙每次都畏畏缩缩地躲在妈妈身后，直到所有小朋友都分享完了，她才怯怯地走到台上分享自己的画作，声音小到即使你"竖起耳朵"也可能听不清。

这时候，妈妈就会"提醒"："妙妙，声音大一点！"妙妙看一眼妈妈，然而并没有任何改变，分享结束后，妈妈还会追加几句："你这孩子怎么回事啊，你看人家别的小朋友谁像你一样，说话那么小声，大家能听到吗？怎么越大越拿不出手了呢！"

随意给孩子贴上胆小的标签

美国心理学家贝科尔说："人们一旦被贴上某种标签，那么他就极有可能成为标签所标定的人。"对于孩子来说又何尝不是呢？当一个孩子没有做好准备，不想上台表演时，父母会竭尽全力地劝说，劝说未果之后，父母可能还会加上一句"这有什么可怕的，这么没出息，真是上不了台面"；当家中来了客人，孩子不想打招呼时，父母又会说"这孩子就是胆小，也不知道随了谁了"。

事实上，胆怯只是一种正常的情绪反应，对于成年人来说胆怯较为常见，只不过孩子那么直率、坦诚，不像我们一样善于伪装和掩饰罢了。以成人的衡量标准来评判孩子的行为对他们来说是不公平的，而且长此以往，孩子更会丧失社交自信。

重重设限，过多干预孩子的成长

中国式父母教养孩子的最大弊端之一就是"因噎废食"，当父母意识到某一件事对于孩子来讲是存在危险的，父母就会禁止孩子去做这件事，或者父母会帮助孩子去完成。其实，完美孩子只是一个神话而已，作为家长不应该强求孩子成为理想中的样子。

有研究表明当孩子努力地想要获得某种能力感或归属感时，他们将承受一种无形的却足够强大的压力。如果父母一味地想要孩子成为一个与他自己并不相同的人，那么非但无益于缓解这种压力反而会加剧其摧毁力。

所以，智慧的父母会选择理解并接受孩子的胆怯，当然接受并不意味着"好吧，我的孩子就是这样，随他去吧"，而是在接受的基础上选择正确的方式帮助孩子。那么什么是正确的方式呢？下面将引入埃里克森心理发展理论进行讨论。

埃里克森是美国著名心理学家，他认为孩子成长过程中的每个阶段都将面临不同的心理发展危机，如下表：

阶段	危机	教养任务	品质
婴儿期（0~1.5岁）	信任与不信任	满足其基本生理需求，给予孩子安全感和信任感	希望
幼儿期（1.5岁~3岁）	自主感与羞耻感	第一反抗期，让孩子在自主探索中收获勇气，更要适度立规矩	自我控制、意志力

续表

阶段	危机	教养任务	品质
学龄前 （3~6岁）	内疚感与主动感	克服内疚，获得主动感	目的、追求目标
学龄期 （6~12岁）	自卑感与勤奋感	发展孩子学习能力	自我效能感、能力

埃里克森心理社会发展阶段理论

调查表明，人在一生中的任何阶段都可能会出现因为胆怯而退缩的行为，而0-6岁尤为突出，这也意味着倘若一个孩子在其0-6岁时没能平稳度过其心理发展危机，那么其成年后将面临更多的问题。

而此时，孩子胆怯的发源大多来自内疚感，因而如何帮助孩子克服内疚感、获得主动感对于塑造其自信大方的性格就显得尤为重要了。

第一步，内疚不同于羞愧，父母应学会识别孩子的内疚感，从下表中，读者或许能够找到内疚感的类别。

	来源	个体感受	行为指向	特点
内疚	自我，在知道某项规则或纪律的前提下，做错事，意识到行为后果	自我怪罪	向内，指向自我，严重的内疚甚至会导致自我惩罚或自残行为	隐藏性
羞愧	他人，在个体做错事或失败后，由他人的嘲笑和贬低导致	无能感、自卑感、愤怒感	向外，将愤怒的情绪或行为指向他人	外显性

第二步，引导孩子克服内疚感。

作为父母，当意识到孩子心中的内疚感时，首先应该明白，这是孩子在对自己所犯的错误做自我归因，他们正试图为自己的行为负责，所以在一定程度上讲，适度的内疚感于培养孩子的责任感是有益的。

然而，对于成长中的孩子来讲，他们分析问题、处理问题和内心的承受能力都尚未发展完全，所以当孩子陷入内疚感时，就需要父母的积极介入和引导。

给予爱和支持

当孩子承受错误和失败时，来自父母的爱和支持对他们来说则意味着雪中送炭般温暖，亦能够帮助他们脆弱的内心变得坚强，同时更加理性地去认识错误的行为和失败事件。

对事不对人

一个原则——对事不对人，任何时候，不要让孩子觉得他们犯了错误，就是他们能力有问题，或者他们失败了，就会失去爸爸妈妈的爱。父母在帮助心有内疚的孩子时，应注意引导其加强对自身能力的认识。比如，当哥哥为了帮助弟弟拿玩具，不小心打碎了桌上的水杯时，父母首先应肯定其动机（帮助弟弟是有爱的表现），然后可以这样问："拿水杯对你来说并不是难事，你觉得是什么影响了你的发挥？你觉得下次怎样做会更好一点？"

从失败中进步

内疚的产生是孩子在对自己的过错进行自我反思，事实上，他们正试图想办法挽回或改正自己的过错，此时，父母和老师正确地引导，帮助其分析错误或失败的原因，总结经验教训，引导其通过较为积极的方式对错误行为进行弥补，而不是自我伤害。这对其良好道德品质和责任心的发展将是十分有益的。

所谓"慢养"，就是对待孩子成长过程中的问题，父母不要想着一蹴而就解决问题，而要尽量多花时间来研究问题，当然这可能需要花费一定的时间，但这能够帮助父母在与孩子独特的性情相处时，找到一条理想的道路。若干年后父母就会发现，无论是孩子还是自己都将受益匪浅。

✦ 说谎问题：孩子说谎怎么办

"我家小樱桃最近很喜欢说谎，有时候明明没有同意她看动画片，但是她却自己和爷爷奶奶说我同意了，好几次都被我抓到了。就像是《狼来了》里面的小男孩一样，虽然说爱说谎的孩子不是好孩子，但是如果每次我都当着孩子的面揭穿她，我又担心她觉得自己的'面子'和自尊心受到了伤害。但是不揭穿她，我又担心以后孩子说谎上瘾，以后该怎么办才好呢？"

很多家长都遇见过这种情况，当第一次发现自己的孩子说谎时，家长就会有各种各样的担心，担心他们学坏，担心说谎会给孩子的未来带来不好的影响。"我的教育全白费了，他竟然学会了撒谎！""他这么小居然就学会撒谎了，以后可怎么办？"种种的担心让家长陷入了恐慌中。通常家长认为撒谎是坏孩子的"专利"，但是其实说谎并不能代表孩子的好坏，家长不能单纯地以说谎这件事对孩子的好坏进行界定。孩子说谎是一种本能，家长应该正确看待孩子的说谎行为。

从心理因素上讲，孩子说谎可以被分为无意说谎和有意说谎两种。无意说谎一般发生在孩子的想象发展时期，这个时期的孩子对未来的事物产生了一种不自觉的幻想，有时甚至会把幻想当成现实，把某种事物夸张到不真实的程度。

周末妈妈带着嘟嘟到动物园玩，他们一起看了老虎、狮子、大象、长颈鹿等好多动物，看得嘟嘟眼花缭乱的。

"妈妈，为什么动物和我们长得不一样？为什么孔雀的尾巴会开屏？如果猴子和孙悟空一样，那它一个筋斗云就能带我回家了。"

坐在回程的车上，嘟嘟兴奋地想象着动物园里的猴子变成孙悟空，对他招招手，紧接着一个跟头，就带他到了家门口。

等到他回到家里，看到下班回家的爸爸，嘟嘟连忙笑嘻嘻地告诉爸爸："爸爸，今天是孙悟空带我回来的。"

"啊？不是妈妈带你回来的吗？"爸爸愣住了，后来听妈妈一解释才明白，原来嘟嘟将自己的幻想当成了现实，无意识地说了一个谎。

有时孩子的记忆并不是很精确，尤其对于抽象概念，比如时间、空间、方位等往往容易产生混淆，甚至会把将来当作过去。

一个小朋友就曾经在幼儿园和老师说："老师，我妈妈明天就要带我回老家了。"下午放学的时候，老师问起孩子的父母时发现，根本就没有这么一回事，父母只是对孩子说等放了暑假会带他回老家看看，并没有说明天要走。这就是因为孩子记忆出现了偏差错位导致的说谎行为。

孩子的有意说谎，往往是因为大人的一些不当行为，使得孩子有了说谎的行为。

孩子在说谎时最常见的几种心理：

"如果我承认了，妈妈一定会发火的，千万不能说！"

很多时候孩子为了免受一顿皮肉之苦，会选择对家长说谎。更多的时候，让孩子真正内疚的是，爸爸妈妈在愤怒中透露出的伤心和难过。他们不想面对这种难过，所以选择用说谎的方式进行逃避。

"我不想道歉，这样好没面子，只要不承认就不用道歉了。"

有时候让孩子开口道歉说"对不起"，其实是一件不太容易的事情。四五岁的孩子已经开始有了很强的自我意识，他们还不能明确地理解"自尊心""固执"和"没礼貌"的区别，因此他们会说谎否认自己的错误。道歉需要勇气，孩子还要一些时间成长。

"只要不承认就行了，我真的不知道该怎么办好了……"

在孩子眼中，推卸责任是解决问题最简单的方法。如何引导孩子勇于承担责任，进行"善后处理"，需要家长想好办法。很多时候孩子已经知道自己错了，但是修正、弥补的机会已经错过了。

说谎是孩子成长过程中的正常现象，但是说谎毕竟是一种不好的行为，那么孩子为什么会说谎呢？

首先，想要逃避责罚。趋利避害是人之本能。对于孩子来说，说谎只是他们逃避责罚的一种方式，他们根本意识不到这是多大的一个问题。对待这种情况，作为家长，最先要反省的就是自己，看看是不是平时对待孩子太过严厉了，导致孩子害怕说出实话。

其次，心理上受挫了。除了上面的原因，孩子还有可能是因为受到了家长的冷落而说谎。这么做的原因自然是希望通过说谎能够赢得父母的关心，引起父母的注意，让父母把更多的精力放在自己身上。由此可见，即便是从孩子的谎言里也是能看出一些问题的。

最后，想象力太过丰富。据研究表明，一个孩子越早学会说谎，说明他的智商越高、越聪明。这是为什么呢？原因很简单，因为当他说了一个谎之后，他要想办法来圆他的谎。甚至就像是前面提到的，孩子说谎是无意识的，他们描述问题的时候会不自觉地添加自己的想象。

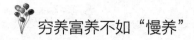

所以家长面对孩子的说谎行为，没必要全部一棒子打死，应该具体问题具体分析。那么家长该怎么做呢？

确认孩子是否在说谎

当家长怀疑自己的孩子在说谎的时候，应当率先进行仔细的调查，搞清楚到底孩子是不是真的在说谎，有时候父母的判断并不一定就是正确的，如果没有把事情调查清楚就随意做出判断，对孩子进行严厉的批评，可能会使孩子的内心受到伤害，觉得家长没有真正地信任他们，由此造成亲子关系的紧张。

多聆听孩子的需要，加强沟通

当孩子因为知道某件事情会发生不好的结果的时候，他们就会用说谎的行为来避免这种情况的发生，此时父母应当更多地去聆听、了解孩子为什么会说谎、他们更需要的是什么，多关注孩子的情绪和心理变化，多进行沟通。对于因为和父母的接触机会少，所以用说谎来博取父母专注的孩子，父母应多抽出时间陪伴孩子，和孩子好好地进行沟通，了解他们内心的真实想法，打开孩子的心结，这样才能够更好地帮助他们解决问题，减少乃至避免孩子出现说谎的行为。

帮助孩子区别想象和现实

面对孩子因为年龄小、想象力和创造力丰富而进行的想象型说谎，父母在日常生活中要注意告诉孩子什么是真实存在的，什么是想象中的，让孩子逐渐明确认识，将现实和想象区分开来，并且还需要家长告诉和引导孩子学会如何正确表达自己的想象。

不要给孩子贴上"爱说谎"的标签

聪明的父母不会当面揭穿孩子的谎言，反而会和孩子"斗智斗勇"，让孩子明白家长不是那么容易骗的，当孩子知道家长没有那么好骗之后，他们或许会迎难而上不断开发自己的思维，最终知难而退。在这个过程中，孩子的思考能力得到了提升，并且有人将会明白，谎言终究是谎言，总会有被揭穿的那一天。

有时孩子说谎可能是出于无奈，因此家长千万不要随意地将说谎和孩子的品德联系在一起，早早地给孩子贴上"说谎精""小骗子"之类的标签，这会伤害到孩子的自尊心的，甚至出现自暴自弃、将自己的说谎行为合理化的问题，长期如此，会使孩子真正出现品质问题。

说谎固然不好，却是孩子成长过程中的必经阶段，父母们要及时弄清楚自己孩子说谎的原因，了解孩子的真实需求，在批评孩子的时候进行自我反省，引导教育好孩子，不能让孩子在说谎的道路上越走越远，争取让孩子成为一个诚实守信的人。

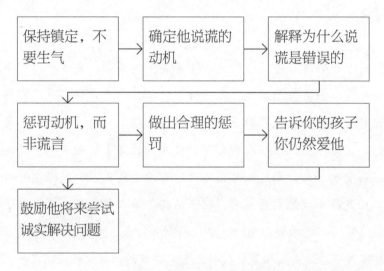

谎言即时沟通的 7 个步骤

✦ 欲望问题："我要我要"的孩子怎样引导

"我的儿子小轩只要一出门就会闹着要买这买那，要这个要那个。如果拿不到，他就会一直哭闹不休。我平时工作很忙，总觉得陪他的时间少，所以对于他想要的东西，我基本上都会买给他。偶尔有几次觉得他有点过分，虽然很烦，但是在他的眼泪攻势之下，我还是投降了。可是孩子慢慢大了，想要的东西变本加厉，都已经超出我的经济承受范围了。我现在开始拒绝他的要求，但是得不到想要的东西，孩子的脾气越来越暴躁，什么招数都想得出来，不仅哭闹，还学会了满地打滚、顶嘴和打人，可真愁人。"

"我家孩子总是在我忙着的时候，要这要那的。有时候我正在忙着炒菜，但是他非要扯着我的衣服让我陪他玩。我跟他商量说等我炒完菜就陪他玩，他就非不肯，要现在就陪他玩。我有好几次很生气忍不住吼了他，但是看到他怯生生的模样，我又觉得自己做得太过分了，感觉很抱歉。"

我们日常生活经常能看到这种孩子哭闹要东西的场景，很多时候家长都会束手无策，有时候甚至会生气地打孩子，或者对孩子怒吼，但孩子依然哭闹不止，问题没有得到一点解决。

但其实孩子吵闹、要求多只是因为孩子的某个需求没有得到满足，他的目的一般也就是这么三种：一是寻求关注。孩子希望家长的注意力在自己的身上，因此想要通过哭闹等方式操纵别人为自己奔波忙碌，达到受关注的目的。二是寻求权力。孩子为了达到自己说了算的目的，哭闹、打人迫使家长听从自己的要求。三是报复。可能由于家长在某些时候没有满足孩子的要求，在被多次拒绝之后，孩子出于报复心理进行哭闹。

面对这种情况，家长常会下定决心绝不宠坏自己的孩子，但是一直不满足孩子、不答应孩子的要求又会怎么样呢？

小吴从小因为家里的经济条件不好，所以他的父母对他非常严苛，并且一直坚信满足了一次，以后就难养了。因此小吴从小就很少有玩具，连衣服都是能省则省，更别提去游乐园玩耍了。在这样的环境下成长的小吴习惯了听从父母的意见，直到毕业工作，他开始独立有了自己的收入，接触到了曾经理想中的生活氛围。于是他不再压抑自己的欲望，明明工资不高，和朋友借钱、找银行贷款也要买奢侈品。一年下来，不但工作能力没有提升，钱没赚多少，还留下一身的债务。

对于孩子"我要"的欲望，家长答应了，怕宠坏孩子，但是不答应，又不舍得孩子哭闹，更怕孩子以后会学坏。那么家长怎么做才是对孩子好呢？

吸取经验教训，养成事前思考的好习惯

孩子在无聊的时候是最容易产生欲望的，这是很多家长的共识。如果家长真的很忙，大部分时间都没办法去陪孩子，那么可以选择提前给孩子安排一些可以独立完成的活动，比如拼拼图、堆积木等，为了避免无法快速想出符合孩子兴趣爱好的活动，家长可以提前和孩子一起思考列出"当爸爸妈妈在忙，我可以做什么"的清单。既表达了对孩子的重视，又通过列清单这种

方式向孩子传达家长不可能无时无刻都陪着他们、围着他们转的意思，让孩子意识到父母的忙碌。这样就可以避免家长在忙的时候，孩子一定要让家长去做什么的情况发生。这种意识越早地确立，在后面向孩子解释没法满足他们欲望需求的时候，越容易进行。

有时候家长在忙碌的时候将自己关在房间里，也是减少孩子"我现在就要你做某件事"的好办法。如果说孩子无理取闹是为了引起家长的关注，那么家长暂时从孩子的眼前消失，孩子找不到看自己哭闹的"观众"了，自然就会安安静静地去找别的事情做，而家长也正好可以处理自己的事情。

孩子的需求其实并不全是心血来潮，更多的时候，家长是可以从蛛丝马迹中找到源头的。比如，家长已经连续好几个星期都没有带孩子出去玩了，因此某个周末孩子就哭着喊着要去游乐园。这种情况都是情理之中的，家长完全可以事先做好准备去应对孩子的需求。如果知道接下来的几周工作都会比较忙，家长和孩子商量把去游乐园的时间提前或者延后，孩子不愿意的话，也可以让别的亲朋好友带孩子去玩。

总之就是家长要在孩子缠着要这要那之前想好办法，提前做好规划、准备，提前处理，这样才能满足孩子的需求，让自己不至于心烦意乱、慌手慌脚。

讲清楚期望，避免问题发生

对于大多数人来说，避免问题的发生比解决问题要来得更简单。在平时的生活中，家长可以用孩子能理解的方式讲清对他们的期望。比如在家长和领导、客户打电话沟通问题的时候，孩子有时候会过来"捣乱"，那家长就可以在那之后，给孩子讲清楚领导和客户的重要性。

小慧经常在爸爸给"重要客户"和"公司领导"打电话的时候去打扰他，缠着爸爸给她讲故事，时间久了爸爸就不耐烦了，可是看着孩子委屈的小脸，他也心疼地不想吼她。面对这种情况，他的同事教了他一招。他回到家给小慧讲了一下什么是"重要客户"和"公司领导"，拿她的老师和好朋友作比，问她，如果在她和老师、朋友打电话的时候，爸爸催着她去洗漱睡觉，她会有什么感受。久而久之，小慧就学会在爸爸和同事、领导沟通的时候，保持安静了。

除了上面的方法，家长还可以尝试转移孩子的注意力，让孩子反向顺从期待。比如说，当家长正在洗衣服的时候，孩子突然跑过来让你来检查作业，可即便已经和孩子说了稍等一下，孩子还是不依不饶地催促，这个时候家长就可以给孩子另外找一件事情做，转移他的注意力。告诉孩子冰箱里有新买的水果，让他先去吃一个休息一下，或者让他去和小狗玩一会儿等。等洗完衣服就可以给孩子检查作业了。当然家长在选择转移孩子注意力的时候，要注意选择孩子感兴趣的、不排斥的事情，如果选择了让孩子不感兴趣的事情，可能会引起孩子的反感。

制定规则，严格执行

孩子之所以会在各种场合要这要那，不给就哭闹撒泼，就是因为他们曾经通过这种方式成功地使家长满足他们的要求，并且屡试不爽。因此想要改变孩子这种坏习惯，家长就必须转变风格，制定规则，严格按规则办事。

家长要让孩子们懂得个人的需求有时候要因为他人的舒适而让步，不能自私地在各种场合给别人造成困扰。制定规则最需要注意的就是，规则要方便孩子执行，尤其要考虑孩子有没有执行的能力，如果孩子做不到或者做得很不好，导致家长要提前终止这项规则的惩罚，那么这个规则对孩子来说就没有了约束力，也就形同虚设了。

既然制定了规则就要严格遵守，特别是不能让孩子嬉皮笑脸地逃脱惩罚，如果一次两次放过了孩子，那么等同于纵容了孩子的重复调皮，减弱了家长言行一致的威严感。

孩子的年纪还小，对于他们的要求，家长出于对孩子的宠爱都会不遗余力地去答应他们的需求，这是为人父母的天性。但是对于孩子"现在就

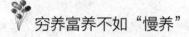

要""要这要那"的问题，家长就要学会反省，看看是不是因为太过宠溺纵容了孩子的自私。要正确教育和引导孩子学会善解人意、体贴父母，只有这样才不至于在孩子的不断索取下透不过气来。

✦ 当孩子难过的时候

周末朋友带着孩子来到鹏鹏家做客，爸爸妈妈们在客厅里聊天，而鹏鹏就和小弟弟一起在房间里面玩，可是小弟弟拿着鹏鹏最喜欢的玩具飞机正玩着，突然他被地上的书绊倒，摔了，随即哇哇大哭起来。听到哭声，家长赶紧停下聊天，跑了过来，将弟弟扶起来。爸爸妈妈却发现鹏鹏正一脸难过地看着被摔坏的玩具飞机，要哭不哭的样子。爸爸上前安慰他，并承诺一会儿会给他买一个一样的玩具飞机，但是鹏鹏还是有些闷闷不乐。这让爸爸有些尴尬又有些生气，不就是一架玩具飞机嘛，干吗弄得好像很严重似的。

爸爸在看报纸，小梦在旁边的椅子上晃来晃去的，结果一不小心手里的冰激凌就掉在地上了，小梦一下子大哭起来。爸爸却对着她训斥道："叫你好好坐着，你不听，这下好了，别吃了！"结果小梦哭得更大声了，于是爸爸无可奈何地劝慰："别哭啦，再给你买一个。"可是这会儿小梦根本就听不进去，依然大哭，甚至乱踢乱叫。这个做法激怒了爸爸："这孩子被惯坏了，就得打她她才能听话！"

穷养富养不如"慢养"

在陪伴孩子成长的过程中，家长总会经历各种各样的情绪，这是不可避免的。面对孩子的负面情绪，很多家长不知道如何是好，甚至还会引爆自己的负面情绪。就像上面小梦的爸爸，面对小梦难过，爸爸的安慰没有见效之后还把自己惹生气了。家长有时候存在这样的误区，他们认为正面的情绪类似喜悦、高兴、开心、快乐等就是好情绪，而相反地，悲伤、难过、恐惧等就是坏情绪，当孩子出现这些负面情绪的时候，家长就会千方百计地去逃避、消除这些负面情绪，而不能承认和理解孩子的这些情绪。甚至有的家长还会忽略这些情绪，用"没什么大不了的，多大点事啊，值得哭吗"或者"你都多大了，还因为这么点小事哭鼻子，羞不羞啊"这些话来讽刺、训斥和惩罚孩子，他们认为不能让孩子有负面情绪，负面情绪会让孩子的性格变坏。

但是很多家长过度保护，不让孩子去体验负面情绪，千方百计地去取悦孩子，结果却让孩子失去了学习处理各种情绪的机会。

难过作为情绪的一种，来源于潜意识之中，对于难过的把控调节取决于心智的能力，也就是潜意识的心智模式。当所有劝说停止难过的理由都来源于大脑潜意识部分，而意识层面的认知没有得到潜意识感受（心智能力）的支持时，难过就不会听从意识指令停止或消散。

儿童时期的孩子还处于心智模式的形成阶段，每个孩子都会出现难过哭泣的时候，一般在家长只采取意识层面讲道理的方式劝导之后，大部分孩子都会继续哭泣，甚至还会越哭越凶，如果家长在无奈之下强势要求孩子停止哭泣，那么即使孩子的哭泣停下来了，但是他心里的难过还依然存在。可如果家长对孩子难过的情绪进行调整引导，孩子难过哭泣的过程就会变成孩子心理成长的训练之旅。孩子的每一次哭泣，都会变成心灵成长的训练，孩子小小的心灵在得到充分的滋润之后，心智能力随之增强，将负向难过的情绪转化为正向积极的能量，孩子积极健康的心智由此形成。

家长要知道孩子发泄情绪是一件再正常不过的事情了，家长要允许孩子难过，允许孩子发泄情绪，帮助孩子学会合理地控制和宣泄情绪。事实上针对上面小梦的案例，如果爸爸学会倾听，而不是过多地进行批判，那孩子还可能不会哭闹。小梦作为一个孩子，没了喜欢的冰激凌，她确实会很难过，这一点是家长需要明白的。家长完全可以等到孩子的心情平静下来之后，再去纠正孩子的错误，告诉她这么做是不对的，结束后可以再买一个冰激凌作为安慰。

当孩子产生难过的情绪的时候，家长要能看见孩子的情绪，然后再进行安抚，相信这样孩子很快就能平静下来了。如果家长对孩子的情绪视而不见，只是给孩子讲一堆大道理，或是进行一些无用的鼓励，那样孩子是不会那么容易平静下来的，这样的做法起不到任何安抚的作用。

说了这么多，那么当孩子难过的时候，父母应该怎么安抚孩子会比较有效果呢？

要注意孩子的情绪变化

很多时候，在家长眼中一些微不足道的小事，很可能会让孩子难过或者大发脾气，因此家长要尽量关注孩子的情绪变化，找出孩子情绪产生的根源。多鼓励孩子表达自己的情绪与感受，可以避免孩子因为那些积累在一起却又说不出来的感觉，再一次引起难过的爆发。

孩子表现得越难过，家长越要保持冷静

孩子有时候就像家长的情绪温度计，当家长的压力大时，孩子也会跟着反映出大人的压力指数，当家长觉得轻松的时候，孩子也会觉得很自在。当家长发现孩子有些难过的时候，尤其是因为一些在大人眼中不值得一提的"小事"难过、闹脾气的时候，通常家长会因为孩子怎么都哄不好而恼怒，进而导致自己也跟着生气，甚至迁怒孩子。因此在这个时候，孩子越是难过、闹脾气，家长越要保持冷静，可以选择深呼吸，去做一些别的事情，或者到房子的另一边休息一下、进厨房准备晚餐等，将自己的情绪从一触即发的冲突中暂时抽离一下，等恢复平静之后再和孩子耐心地沟通。

穷养富养不如"慢养"

耐心询问孩子为什么难过

家长要对孩子保有耐心，在孩子难过之时温柔地沟通询问他为什么难过，可以这样说："我知道你很难过，你愿意告诉我，你为什么难过吗？你是想要我做什么吗？"家长可以针对孩子提出的问题和他一起讨论解决的办法，这样至少能让孩子觉得自己是被理解的，进而降低孩子的难过程度。孩子是独立的个体，家长更应该认识到这个问题，不该强迫孩子按照家长的意愿行事，当孩子有情绪的时候，家长要用同理心来看孩子的行为，不要和孩子计较，要学会保护孩子的自尊心，多融入孩子的情感世界，这样才能帮助孩子顺利缓解自己的情绪。

转移孩子注意力

面对孩子陷入难过的情绪之中无法自拔的情况，家长可以选择适当转移孩子的注意力，让孩子不要再执着于难过这种情绪。跟孩子开一些玩笑，或者讲一下别的话题，慢慢将他的注意力从难过这件事上转移出来，分散孩子的注意力，这样孩子就没有那么难过了。

无论是生气、难过，还是焦虑、伤心、愤怒等，这些都属于负面情绪，不同情况下的负面情绪都有其不同的处理方法，无论哪种方法，家长第一步都要接纳孩子的情绪，只有先完成了这一步，让孩子感觉到自己被接纳了，家长才有可能帮助到孩子。

孩子的成长过程说长不长、说短不短，有时候慢慢来，或许比"穷养""富养"都更好。

✦ 让孩子接受未来的弟弟或妹妹

"我家里就只有一个孩子，感觉真的很孤单，现在国家开放了二胎政策，所以我就想再生一个孩子，这样两个孩子就可以有伴了，以后还可以一起玩，长大了相互之间也有个照应。我和孩子的爸爸都是这么考虑的，但是不知道孩子是怎么想的，我儿子个性比较霸道，他会同意我们生二胎吗？"

达达是家里的老大，在家里受尽了宠爱，家人几乎对他百依百顺，这也就养成了他自私霸道的性格。对于爸爸妈妈想生二胎的事情，达达特别反对，很是排斥，因此每当爸爸妈妈和他谈论关于二胎的话题时，他都会表现出非常抗拒的情绪，甚至说出'妈妈要是生了弟弟妹妹的话，我就不理妈妈了，我还要把弟弟妹妹扔掉'的话。达达反抗的情绪这么激烈，让想生二胎的爸爸妈妈十分担心。

随着国家对二胎政策的开放，越来越多的家庭想要开始生二胎，毕竟一个孩子实在太过孤单，长大后要承担的东西也非常沉重，虽然多养一个孩子很是辛苦，但是如果能让孩子在长大之后有一个伴，可以相互照应的话，对于父母来说也是值得的。父母是出于为孩子着想才做的这个决定，在孩子看来却全然不同，孩子总会认为多一个孩子，会使他们失去很多东西，所以他们会极尽所能地阻止父母去生二胎，因此想要生二胎的父母，先让孩子接受未来的弟弟妹妹是非常有必要的。

父母要倾听孩子的意见，但是对于是否生二胎这件事来说，决定权还是在父母手中，孩子的意见并不具备"一票否决权"。当然，如果父母有了要生二胎的计划，最好和孩子先沟通，让孩子有个心理准备，这里说的沟通并不是单纯地告知孩子，而是要通过沟通来了解孩子的想法。

现如今的社会中总会出现一些关于二胎的新闻，有的孩子愿意接受弟弟妹妹的到来，有的孩子不愿意接受弟弟妹妹的到来，甚至有的孩子以自己的生命为代价，威胁父母不要生二胎。对于这种现象，父母要做的是走进孩子的内心，感受孩子的想法。大多数独生子女都是希望自己能够独享父母的爱，不希望有人和自己分享父母的关心和爱护，因此面对即将到来的弟弟妹妹，表现出了极为排斥的情绪。

孩子对于弟弟妹妹抱有排斥的心理大致有哪些呢？

"有了弟弟妹妹，爸爸妈妈就不爱我了。"

很多孩子都会存在这样的心理，他们会担心有了弟弟妹妹，就会分走原本属于他们的爱。孩子是敏感的，如果他们发现自己感受到的爱少了，就会产生不安，甚至会对有威胁的弟弟妹妹产生强烈的厌恶和排斥。因此父母要坦诚地和孩子交流，坚定地告诉他们，爸爸妈妈对他们的爱并不会减少。

"弟弟妹妹会抢走我的零食和玩具。"

在孩子的成长过程中，出现占有欲是一件非常正常的事情，如何教会孩子分享是父母家庭教育非常重要的一个课题。对于弟弟妹妹的出现，孩子的占有欲会使得他们排斥任何可能分走他们所有物的人。

那么父母怎么样才能引导孩子更好地接受弟弟妹妹的到来呢？

首先，让孩子知道"爸爸妈妈是爱我的"。

想要孩子学会爱别人，就要让他们先感受到被爱着的感觉。孩子在刚刚降生的时候，需要父母在生活上无微不至地照顾，让他们得到基本生活的满足，在精神上，需要得到父母的关注、理解、接纳和安抚，保护他们不被负面情绪影响。

在这种环境中长大的孩子，成长的过程中充满了爱，他们很确信自己是被爸爸妈妈爱着的，所以无论是短暂地和父母分开，抑或父母偶尔对自己发脾气，再或者父母决定再生一个孩子，他都不会感到恐慌、深陷负面情绪之中。这样的孩子甚至愿意拿出一些爱去分给弟弟妹妹，因为他们确信自己的爱不会减少，反而会得到弟弟妹妹的爱。当然值得提醒的一点是，父母眼中的"我们很爱你"和孩子眼中的"爸爸妈妈很爱我"是不同的，需要父母给孩子足够的安全感。

其次，让孩子知道"爸爸妈妈不只爱我"。

很多时候家长都有这么一个误区，出于对孩子的爱护和尊重，父母总会满足孩子的要求却忘记要求孩子尊重自己，经常对没有满足孩子的需求而产生内疚感，其实大可不必，无论是父母还是孩子需求都是十分重要的。从孩子的角度来看，孩子经常能感受到爱的感觉，却很难给予别人自己的爱，这是一件非常可怕的事情，他们无法看到别人将这份爱在未来某个时间点以同样或者不同的方式回馈给自己。

因此，想让孩子接受弟弟妹妹的到来，除了让孩子知道父母是爱他们的之外，还要让孩子知道"爸爸妈妈除了爱我之外，还爱家里的其他成员，当然也包括他们自己"。如果孩子能够早一点接受自己并不是爸爸妈妈心中的唯一，那么孩子就能更加容易地接受家庭中多了一个新的成员，这只不过意味着爸爸妈妈的心里由三个人变成了四个人而已，本质上爱是不会有变化的。

父母要注意引导，将孩子眼中视为"牺牲"的事情变为"分享"的事情，比如，买了好吃的东西，家中要尽量对孩子说"我买了好吃的，咱们等爸爸回来一起吃"，而不要对孩子说"这个是买给你的，爸爸妈妈都不吃"。要知道这些细节就隐藏在生活的一点一滴中，潜移默化会比直接要求孩子，更容易让孩子接受。

再次，让孩子知道"我小时候，爸爸妈妈也是这样爱我的"。

也就是说，在妈妈怀弟弟妹妹的时候，可以借这个机会，告诉孩子当时妈妈怀他的时候是什么样的，生下他后又是什么样的情景，可以讲给孩子听，也可以和孩子一起当成情景游戏进行模拟，让孩子假装是个婴儿，表演出来。这样做可以让孩子意识到小时候，爸爸妈妈也是这样爱他们的，爸爸妈妈对他们的出生也曾充满了期待，出生后爸爸妈妈对他们也是无微不至地照顾，只是因为现在自己长大了不再适用这种爱的方式，爸爸妈妈转变了爱他们的方式而已。弟弟妹妹年纪还小，他们更需要这种方式的爱护。这样孩子就会降低对弟弟妹妹的排斥和嫉妒。

最后，让孩子多参与和弟弟妹妹有关的事情。

比如和孩子一起给弟弟妹妹起小名，这样孩子会更喜欢叫弟弟妹妹的小名，并从内心里骄傲，毕竟弟弟妹妹的名字是他取的；带着孩子一起去产检，让孩子看到或者听到弟弟妹妹的心跳，或者给孩子看B超的照片，加深他们的直观印象；让孩子一起做胎教，给还在肚子里的弟弟妹妹读故事、唱歌等，给他们产生一种"我是大哥哥/大姐姐"的责任感；和孩子一起看一些怀孕变化的绘本或者视频，加强对孩子的生命教育，让他了解新生命在妈妈肚子里成长的过程，并告诉他，当初他也是这样在妈妈肚子里长大的，这样孩子会对弟弟妹妹一天天长大充满了期待；和孩子一起为弟弟妹妹的出生做准备，父母可以和孩子一起选购给弟弟妹妹的出生准备的物品，像是小衣服、奶瓶等，让他们实实在在参与到迎接弟弟妹妹的过程中来，越参与，越有感情。

生二胎并不是一件容易的事情，父母要做好充足的准备，好好平衡两个孩子之间的关系，多付出一点努力，让孩子参与进来，这样才能让孩子好好地接受乃至期待弟弟妹妹的到来。

第四章

游戏成长力：慢慢养、好好玩，孩子会在游戏中成长起来

　　游戏需要孩子全身心参与，他们在游戏中走、跳、跑、爬，这些能促进身体机能与运动功能的发展；在游戏中，孩子还要用到五官，这些又可以促进孩子触觉、嗅觉、视觉、听觉、前庭平衡、身体重力和身体动觉等感知功能的发展；社交性游戏、互动性游戏可促进孩子的语言发展，锻炼语言理解力与行为表达力；团队游戏，可以锻炼孩子的人际互动力、团结力与合作力，帮助孩子克服困难、增加勇气、培养自信。

✦ 孩子需要游戏，就像我们需要食物和水

"我家孩子已经 4 岁了，平时最喜欢玩游戏了，天天缠着我们，一玩就是一个多小时。我们也愿意陪着她玩，有时候玩过家家的游戏，她现在也做得有模有样的，可爱极了。"

"我儿子今年 3 岁了，最喜欢搭积木、玩拼图，有时候拼得比我都快，而且越来越聪明。通过我的观察，我感觉他对图形都比较敏感，好好培养培养，长大以后没准能成为建筑师呢！"

现在的生活越来越好，手机、平板、电脑等电子产品已经走进了千家万户，不但大人喜欢利用手机和平板电脑查资料、看视频、聊天，就连小朋友也喜欢用手机、平板电脑玩游戏，成天像大人一样，抱着手机不离手。

出于对孩子视力、身体素质等方面的担忧，很多家长都非常反对孩子玩游戏，尤其是电子游戏，他们认为孩子玩游戏就是"不务正业"，不但影响孩子的视力，还会对孩子的学习和生活造成很多不良的影响。但是其实也不尽然，毕竟爱玩是孩子的天性，如果孩子能够在玩耍的过程中学到东西，难道不是一举两得的事情吗？适当地玩游戏，可以促进孩子的认知能力、语言

能力和精细动作能力等的发展，让孩子越玩越聪明。

说到底，游戏是指什么呢？《中国大百科全书·教育卷》中提到了关于游戏的概念："儿童运用一定的知识和语言，借助各种物品，通过身体运动和心智活动，观察并探索周围世界的一种活动。是一种有目的、有意识的，通过模仿和想象，观察周围现实生活的一种独特的社会性活动。"

那么孩子为什么需要游戏呢？理由显而易见：

因为快乐。大多数孩子玩耍就是因为他们喜欢这样，这是最基本的。在游戏的过程中，孩子的身体和情绪得到了良好的体验，获得了乐趣。

为了掌控焦虑。家长很容易理解孩子喜欢游戏是为了快乐，但是很少有家长能够发觉孩子玩耍是为了掌控他们的焦虑，或者说掌控那些还没有被控制的导致焦虑的观念和冲动。在孩子的游戏过程中，过量的焦虑会导致一个强迫性或者重复性的游戏，又或者导致孩子过度追求游戏的快乐。

为了增加体验。孩子的大部分时间都在玩耍，在游戏和幻想中孩子可以发现丰富的内外部体验，发展孩子的性格，不管孩子是单独玩耍还是通过别的孩子或者成人发明的游戏，在不断丰富的过程中，孩子会逐渐增强对外部现实世界丰富性的理解能力。可以说游戏就是创造，创造就是生活。

为了表达攻击性。在游戏中孩子更容易摆脱仇恨和攻击性，攻击性可能会带来快乐，但是它不可避免地会带来一些伤害和破坏，很容易真实地伤害到某个人，但是通过游戏的方式，在某种程度上可以缓解孩子的攻击性。当孩子在游戏的形式下比如追逐竞技的游戏：丢沙包、手机游戏中模拟枪战等，会更愿意表达冲动和攻击的感觉，他们可以将这种感觉通过正确的渠道发泄出去，不会憋闷在心中，影响性格的发展与养成。

为了建立社会接触。在游戏中，孩子需要别的孩子承担一些预想的角色，尤其是一些需要角色扮演的游戏，比如医生和病人、老师和学生、老板和客人等，通过这些游戏孩子开始了最初的社会接触，在游戏中结识了很多朋友，而在游戏以外，性格腼腆的孩子大多不容易这样做。以游戏作为一种为情感关系开始的框架，使社会性的接触得到发展。

为了与人交流。对于语言能力尚未成熟的孩子来说，游戏是一种为自我揭示服务的深层次的交流。3岁左右的孩子已经有了基本的表达，但是通常大人很难完全理解他们的意思，很难达到孩子期待的高度，因此他们就会因为失望而陷入悲伤难过的情绪中。在游戏中，孩子会尝试向外界表达他的内心或对外部世界的感受，如果家长能够耐心倾听了解，就会发现孩子不经意间展现出来的丰富创造力和绚烂多彩的内心世界。

游戏对于孩子来说是快乐的，那么家长怎么通过游戏引导和正确地和孩子沟通呢？

孩子需要游戏，就像我们需要食物和水一样，家长要做航海中的指路明灯，而不是王位上的暴君，控制孩子永远是下下策的选择。与其和孩子拧着来，不如找到一个折中的方法。家长可以多和孩子一起进行游戏活动，每周至少一次，尽量选择孩子喜欢的游戏，和孩子一起通过他们难以驾驭的关卡，展示家长超高的游戏技巧，这样在游戏的过程中，家长就可以有意无意地培养孩子的游戏习惯，了解孩子的游戏爱好和互动方式，加强亲子之间的互动与交流。

在游戏中，家长可以让孩子通过游戏明白一些道理，比如如何正确地面对胜利、如何面对失败、如何吸取经验教训、团队合作的重要性和严格遵守约定等。现在很多游戏的设计，比之前更加注重团队合作，尤其是一些现代孩子喜欢的手机游戏更是如此。游戏中蕴含的一些道理是学校教育并不能教给孩子的，而在游戏中孩子几乎可以零成本并且轻而易举地获取某种经验和知识，这其中有些经验和道理在现实生活中常需要付出惨痛的代价才能够明白，甚至有的人根本就没有明白的机会。也正是由于这一点，很多军事机构在训练士兵的时候也采取游戏的手段进行训练。

家长可以和孩子进行游戏比拼，为了赢得游戏，孩子必须理解游戏的规则，记住游戏中的知识，并集中全部的注意力去应对各种突发的情况，迅速做出完善的应对措施，在这个过程中孩子的集中力、理解能力、记忆力和反应速度等方面的能力得到了提升。

此外，为了防止孩子对游戏沉迷，尤其是针对类似手机游戏这种容易引起孩子上瘾的游戏，家长还需要在游戏开始前与孩子设定好游戏的时间，防止因为太过沉迷影响视力和学习生活。家长还可以给孩子制定一个换取游戏时间的机制。毕竟学习始终是孩子的主业，家长可以将学习作为主线任务，做游戏作为支线任务，让孩子在完成主线任务之后，换取支线任务，也就是游戏时间。不能让孩子一味地索取，家长要让他们明白这个世界上的任何物品都是需要通过交换才能得到的，让孩子知道游戏的时间来之不易。

因此，综上所述，希望家长能够端正对于游戏的态度，更新认识，孩子玩游戏并非全都是"玩物丧志"，有时候比起枯燥乏味的教学课堂，游戏更能让孩子在不知不觉间学习到更多的知识、甚至记得更加牢固。不过这需要家长在对的时间加强引导，适当满足孩子的游戏欲望可以让孩子在学习的过程中更加专注。另外需要家长注意的一点是，不要让孩子过度沉迷于游戏之中，手机和平板电脑游戏虽然好玩，但是学习才是孩子现阶段最重要的事情。

◆ 联想游戏，让孩子的世界天马行空

"萌萌，你看天边那朵最大的云彩，像不像一只白色的小狗？"萌萌的爸爸抱着萌萌，指着天上的云朵问。

"像，但我觉得更像一大片棉花糖。"萌萌开心地说，"妈妈，你觉得像什么？"

妈妈思考了一会儿说："妈妈觉得像一朵白色的蘑菇。"

"哈哈哈，你们两个人怎么光想到吃的东西？"爸爸取笑道。

"谁说的，我还觉得，这片云彩像我的床，看上去软绵绵的，要是我能在上面睡一觉就好了，肯定很舒服。"萌萌有些向往地看着云朵。

妈妈捂着嘴笑了："在云上可睡不了，你可以去床上躺一会儿。"

"哈哈哈，那我现在就去！说不定我睡着睡着就被云彩托走啦！"萌萌调皮地一笑，跑开了。

现在为人父母，都希望能给予孩子最好的生活，而好的生活不仅仅是物质的输出，而应该是精神与良好素质的传承与教诲。在现如今的家庭中，家长已经越来越普遍地意识到教育的重要性，更是将教育放到了前沿的位置。

有什么能使一把普通的扫帚变成一匹奔腾的骏马呢？一根棍子、一把石子和一束青草怎么样才能炖成一锅美味的汤呢？一个普通的箩筐又是如何变成一座繁华的城市的呢？

在大人的认知中，这些都是不可能实现的，但是想象力能将这些不可能变为可能，它是一种内在的力量，可以使孩子变成足智多谋的建筑设计师、善于创造发明的科学家、极具远见的规划师、热爱幻想的诗人、富有同情心的父母、认真负责的医生。历史证明，最伟大的成就一般都来自最伟大的梦想家，因为敢想，所以敢做。

家长可能经常觉得孩子的想象太过天马行空，而对他不切实际的幻想进行批评扼制，久而久之孩子的想象力、创造力就会受到限制。

因此家长要注意保护孩子的想象力：

首先，当孩子想象自己是什么千奇百怪的事物时，家长千万不要觉得孩子是瞎胡闹。努力配合孩子的想象力，这对孩子而言是一种莫大的鼓励和支持，使得他的思维更加发散。

其次，当孩子无意识通过自己的想象去处理现实中的事情时，家长不要觉得孩子是在说谎，或者觉得孩子在故意跟大人作对。家长要尽量地理解和体会孩子的心情，这只是孩子将想象和现实弄混淆了，需要家长帮孩子分清楚什么是想象，什么是现实。

再次，保护孩子的想象力，允许孩子自言自语。家长不要觉得孩子自言自语是不好的习惯，其实这是孩子在和自己对话，是头脑中正在进行想象风暴的表现。

最后，家长尽量给孩子买可以任意拆卸、任意搭配的玩具。这类玩具不仅能够锻炼孩子的动手能力，维持孩子的兴趣，最重要的是可以发挥孩子的想象力，任意搭配。

想象力作为精神世界的一部分，它比知识更重要，因为知识是有限的，而想象力是无限的，它包含着世界上的一切。在当今的素质教育中，人们也越来越注重开发孩子的创造性思维，培养孩子的创造性想象。创造性想象的培养越早越好，因为如果给大人一张图片让他去想象，他可能会因为已有的经验太多，想象力被束缚住，不敢大胆地想象。但是孩子不一样，只要给孩子机会，他可能想到什么就说什么。

大多数的人都会觉得想象力是个很神秘的东西，它常常游离在我们的意识控制和察觉之外，有时候我们自己都很难察觉。比如孩子有时候总会说一些出乎大人意料的话："快看，那里有个潜水艇！"等大人转过头去看，却发现原来只是一片树叶。孩子可以将树叶想象成潜水艇，而大人无法在第一时间看出来。

虽然想象力是个很神秘的家伙，但是从科学的角度来看，它还是有一些规律可循的。据研究表明，想象力源自人的大脑内部，是人体大脑中各种已有信息的随机重新组合，有些具有特别的实用价值的，留在脑中，最终就会成为创意。在平时的日常生活中，我们时常会冒出很多奇奇怪怪的念头，但是都被我们下意识地压制了，但当我们注意力放松的时候，新奇的想法就会跳出来，成为创意。

如果家长觉得孩子的想象力比较弱的话，不妨从小就开始有意识地去引导和培养孩子的想象力，可以从引导孩子多看科幻的儿童读物、儿童动画开始，先引发孩子对于想象的兴趣，然后利用联想性思维、联想游戏对孩子进行引导，激发他们内在的潜能。

联想游戏就是利用联想思维所创造的游戏，大多表现为利用某一事物引发孩子的联想，联想到另一事物的游戏，这类游戏可以推动孩子的想象力，使其永远处于活跃的状态中，在看看、想想、说说中训练和提高孩子的思维，锻炼孩子思维的灵活性和敏感性，提高孩子的创造兴趣。

联想游戏具体要怎么做呢？

先从两种东西之间开始联想

让孩子看着家中的两种东西，开始进行联想，想一下这两者之间有何联系、有什么共同点、有什么不同点。比如电视机和电冰箱，两者都是用电的，都是要花钱买的，爸爸妈妈都用，但是电视机爸爸用得多，电冰箱妈妈用得多，等等。

家长可以试着让孩子去想想，看到家里的门牌号能想到什么，和什么有关系呢……

鼓励孩子向不同的方向去联想

家长可以引导孩子从同一物体的不同角度去联想，比如从物体的用途、颜色、形状、相同的数字等角度去联想。

天上的白云像什么？地上的影子像什么？看到家里的水彩笔颜色想到了什么？

将联想力运用到具体的游戏活动中去

家长可以和孩子进行一个小游戏：

在同一张大白纸上，先各自画上一分钟，不许看对方画了些什么，然后再慢慢将两个场景联系在一起，画成一幅大画，不能用语言交流，你一笔他一笔，直到整幅画画完，再和孩子进行交流。

睡前的联想故事

家长在睡前讲故事的时候，可以随机选择几个词语作为关键词，比如森林、小木屋、公主和棒棒糖等。然后根据这些词语来构建一个故事框架，边给孩子讲，边丰富，包括人物对话、故事情节等内容。孩子也可以根据两三个完全不相关的词语进行故事的拼凑。

让孩子发挥想象力，可以为孩子的未来打下良好的基础。创造学之父奥斯本曾说："想象力是人类能力的试金石，人类正是依靠想象力征服世界。"所以请不要限制孩子的想象，孩子的世界本就是天马行空、五彩斑斓的，让他们放飞想象，终将成长为更好的自己。

✦ 找茬游戏，让您的孩子更专注

"欢欢，快来帮妈妈看看这两张图有什么不一样的地方。"妈妈呼唤着欢欢。

欢欢跑过来坐在妈妈身边，盯着两张图片看了一会儿，马上就找出了不同之处："妈妈，这张图里的阿姨有耳环，这张图里的阿姨没有耳环。"

"哇，欢欢真厉害，妈妈看了好久都没发现有什么不一样呢。"妈妈夸赞着欢欢，"还剩下几张图，欢欢和妈妈比赛，看谁能更快地把不一样的东西都找出来，好不好？"

"好！"欢欢点头答应，低下头和妈妈一起找。

"这个没有腰带！""这多了一顶帽子！""这个……"

到了最后一张图，欢欢看了半天也没发现不同，忍不住抓抓头发。

"这个包和这个包好像差不太多……"

听到妈妈的话，欢欢的注意力放在了包上。找到了！

"妈妈，我找到了！这个包包上比那个包包上多了一个扣子！"欢欢高兴地叫道。

妈妈闻言露出微笑："欢欢，你好厉害，妈妈都没有看出来呢！"

所谓的专注力，就是人们常说的注意力，对于孩子来说，专注力就是指孩子把视觉、听觉、触觉等感官全部集中到某一事物上，达到认识该事物的目的。专注力是一切学习的开始，是孩子最基本的适应环境的能力。专注力的发展无论是对孩子的学习能力还是分析问题的能力都非常重要，是智商、情商、社会适应性等多方面心理层面的全面发展，小至集中注意力，大到自控力，对孩子的影响都非常大。

蒙台梭利曾说过："除非你被孩子邀请，否则永远不要去打扰孩子。为孩子打造一个以他们为中心，让他们可以独自'做自己'的儿童世界。"其实很多家长都不知道，孩子的专注力是与生俱来的，只是在成长的过程中，不断有外界的因素去打扰而影响了他。

悠悠在自己挖沙子玩的时候，很是专注，但是爷爷总是不放心，没事就在她的旁边嘘寒问暖。

"悠悠，热不热啊？"

"悠悠，吃不吃水果啊？"

"悠悠，要不要喝水啊？"

"悠悠，这样挖洞会更好……"

当孩子在做一件事情的时候，家长在旁边指指点点、喂水果、喝水、逗他玩等行为，都是对孩子专注力的一种打扰，所以家长要注意保护孩子的专注力，不影响他是最好的。

孩子的专注力不够是由很多原因造成的，主要包含：

身体原因

一些孩子比较挑食，又受到家长的溺爱，养成了想吃什么就吃什么、想不吃什么就不吃什么的坏习惯，导致营养失衡，缺少许多元素。而且现在的孩子大多疏于锻炼，成天待在家中，受到太多电子产品的干扰，所以才会使注意力无法集中。

心理问题

造成孩子专注力不够的心理原因存在很多方面，朋友、老师等都会影响孩子的专注力，但是最重要的还是家庭中的亲子关系。父母过度对孩子进行呵护，导致原本应该由孩子自己完成的事情被父母代劳完成了，时间长了，孩子形成了严重的依赖心理，很多事情自己都不会动脑子，遇到事情就去问家长，长此以往，孩子的专注力就下降了。

对所做的事情不感兴趣，没有学习的动力

家长给孩子安排的事情，让孩子觉得不感兴趣，他就会找借口去做别的事情，比如孩子经常会在做作业的时候，一会儿喝口水，一会儿去个厕所，这样就会使专注力无法集中。

周围的干扰太多

就像前面悠悠的事例中，家长给予了太多的指导和关心，就很容易让孩子分神。并且周围环境嘈杂的时候，孩子也很难保持住专注力，比如在孩子写作业的时候播放电视节目等。

错误的家庭教育方法阻碍了孩子专注力的发展

当家长给孩子布置了太多的任务，完全超过孩子的能力范围时、家长一次性安排多个任务或者同时发出很多指令的时候，孩子会因为事情太多，考虑事情而分心，无法保持专注力。

这些原因加起来，就会使孩子的专注力不断被削弱。专注力差的孩子在学习的过程中，自制力会比较差一点，具体表现为：孩子学习一小会儿就会开小差，一会儿摸摸铅笔，一会儿玩玩橡皮，一会儿出去上个厕所，一会儿起来喝口水，总之就是没有办法专注于学习这件事上。在嘈杂的环境中，专注力差的孩子表现得更明显。

专注力是一种习惯，而习惯最好是从小培养，抓得越早，后面的效果越好，那么如何才能提高孩子的专注力呢？

不要给孩子买太多的玩具和书籍，看完再买

生活中，家长不难遇到这种情况，孩子有很多玩具和书籍，但总是这本书看两页，那本书看两页，玩具也是如此，一会儿玩这个，一会儿玩那个。事实上，太多的玩具和书籍对孩子没有好处，只会分散孩子的注意力。对于这种情况，家长可以告诉孩子，每次拿的玩具都不能超过两个，等他玩完了之后才能够换，否则不可以换。换书籍的话，要尽量给父母讲解一下书中的意思。

打造一个可以集中注意力的环境

在孩子专心做某一件事的时候，把无关的东西尽量收起来，不要分散他们的注意力，打造一个良好的环境。

不要干扰孩子的学习思路和专注力

有时候孩子在做作业的时候，家长在一旁辅导，看到孩子作业有错题的时候，就直接告诉他们，但其实这打断了孩子的学习思路，将孩子从专注于做作业这件事中剥离出来，这是非常不可取的。家长可以选择在孩子写完作业之后，再对他们的作业进行指导。

尽量减少对孩子的唠叨和训斥

对于孩子注意力不集中的问题，家长总喜欢对孩子唠叨几句，但是这样反而会使孩子在心里形成一种暗示，不断认同自己的注意力不集中，长此以往，孩子的注意力就会越来越差。因此家长也要尽量减少对孩子的唠叨与训斥。

利用专注力游戏，潜移默化地增强孩子的专注力

前面我们提到的找茬游戏，也可以称之为找不同的游戏或者找别扭的游戏，这是一种增强智力和进行教育的游戏，家长需要找到两张相似的图片，然后让孩子找出两张图片中的不同之处。

找茬游戏主要训练的是孩子的眼力和观察力，后来随着找茬游戏的逐渐发展，也可以进行知识点掌握情况的测试，比如找出错别字等。在找茬游戏

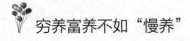

的设计中，一般都有时间限制，答错一次还要扣时间，当然也可以有一些答案提示信息。并且，每一幅图片都是一个关卡，关卡的难度设计由简到难，逐步加深。

找茬游戏可以一个人玩，也可以两个人玩，两个人轮流，每人找一个不同，比赛谁找得快。家长可以和孩子一起玩，尽可能地放慢查找速度，给孩子留出时间，不要太快给孩子造成压力，让孩子对这类游戏失去了兴趣。适当地给予孩子提示，还可以促进亲子之间的关系。

家长在孩子专注力的培养上，不要操之过急，遵循孩子自身的发展规律，不随意打扰，适当引导，做出合理的判断才是最重要的。专注力是每个孩子都拥有的内在能力，希望家长多尊重孩子，更好地帮助孩子成长。

✦ 手工游戏：心灵也要手巧，
用游戏让孩子感受指尖上的智慧

"我女儿小花之前总是在我玩手机的时候凑过来，有时候甚至要抢走我的手机自己玩，但是我又担心孩子玩上瘾，对孩子的视力和智力发育都不好。所以我后来陪孩子的时候都尽量不玩手机，之前朋友送了黏土，这不正好用上了。小花可喜欢这类手工游戏了，现在动手能力特别强，比我捏的东西都好看。"

现在很多家长下班回家之后，即便是陪孩子也一直在玩手机，却又总是反过来抱怨孩子抢手机玩，不给就吵就闹，但是给了，家长又担心孩子沉迷游戏，影响视力。其实像上面例子中的小花妈妈的做法就很好，利用手工游戏转移孩子的注意力，既能防止孩子沉迷手机，影响视力，又能够锻炼孩子的动手能力，让孩子感受指尖创造的魅力。

在竞争激烈的现代社会，家长往往更注重培养孩子的艺术兴趣，学画画、学音乐、学舞蹈等，但是忽略了让孩子做手工的意义。

意大利著名的教育家蒙台梭利指出："在孩子的幼年时期，陪孩子玩和做手工是两件最重要的事情。"对此，家长可能会有疑惑，做手工怎么会比上学画画之类的艺术特长更重要呢？其实，合理的手工游戏课程或者手工与绘画结合的课程，不但迎合了相应年龄阶段孩子的心理、生理特点，还极大地培养了孩子的审美情趣和综合能力。

做手工就是高质量地玩耍，看似只是锻炼孩子的动手能力，但真正运行的是孩子的整个大脑系统，通过手腕和手指等小肌肉群的运动，不断刺激大脑皮层，发展孩子的大脑机能，让孩子的思维能力得到充分的发散。在做手工的过程中，孩子眼、耳、手以及大脑需要同时运作，才能完成，这个可以使孩子身体的各项机能得到协调发展。

那么家长和孩子一起做手工游戏具体有什么好处呢？

可以增进感情，改善亲子关系

家长和孩子一起做手工，在这个过程中，需要两人合作完成，增进了彼此之间的交流，向朋友一样地相处，会让孩子对家长更加亲近。

"每次一起做手工的时候，孩子都和我关系特别好，不仅主动给我搬凳子坐，还一直说担心妈妈的腰会疼之类的话，特别懂事。"

可以提高孩子的智商

做手工时，孩子不但需要动手还需要动脑，全面调动眼、耳、手以及大脑共同运转，对孩子的观察力、创造力、想象力和动手能力都有很明显的增强。

增强孩子的自信心

做手工并非一次就能成功的事情，在这期间可能会遇到很多问题，孩子解决了这个问题的话，家长及时地给予孩子表扬，会极大地增强孩子的自信心。

并且孩子做手工将身边的一些废弃物进行二次利用做成漂亮的手工艺

品，拥有了"变废为宝"的能力，对于孩子来说是非常有成就感的事情，这样就会得到周围人的赞美，久而久之孩子的自信心就随之增强，也就会更加努力。

增添生活乐趣，疗愈孩子的内向与孤独

孩子做手工并不是只有生理层面的作用，其实对于孩子综合能力和心理健康上的作用更大。每一次做手工活动都相当于一次小规模的实现理想的过程，这个过程中充满了各种因素，孩子可以体验丰富的场景，增添生活的乐趣，而不是一味地玩着以前的玩具，孤单又寂寞。做手工可以让孩子更加积极快乐地成长。

培养孩子的创造力

一般在孩子制作手工的时候，家长都先会提供一些事物的图片或者造型，然后引导孩子尽情发散思维去思考，然后再去调动孩子的积极性，去进行创作。孩子会尽情地发挥自己的想象力，努力还原自己脑海中的事物。这样的手工不仅锻炼了孩子的动手能力还能很好地培养孩子的创造力。

让孩子学会自我调节，增强孩子的交际能力

做手工是陶冶身心、提高自我调节能力的好办法。如果家长不知道怎么样才能在孩子闹脾气的时候管教孩子，不如试着陪他做手工试试。原因就在于需要耐心和安静专心才能完成的手工可以很好地调节孩子的情绪，使孩子慢慢冷静下来，充分实现自我调节。

在手工的制作过程中，孩子除了能得到身心的陶冶之外，还能通过对手工制作的相互合作，更加地懂得如何与别人沟通、相处、合作，甚至是换位思考，为孩子未来的人际交往打下基础。

在了解了这么多关于做手工的好处之后，家长一定很想知道有哪些可以和孩子在一起玩的手工游戏吧，下面就为大家介绍几款简单实用的小游戏：

彩色花朵拼一拼

做法：用不同颜色的水彩笔将画纸涂满，晾干后，剪出不同形状的花瓣和叶子，然后让孩子自己选择喜欢的颜色和图案，将花瓣和叶子拼到一起，充分发挥孩子的想象力。

手工贴画

做法：在白色的卡纸上剪出不同样式的图案，比如树木、小鸭子、太阳等，然后和孩子一起发挥想象给这些图案上色，在剪纸的背后贴上双面胶。孩子可以根据自己想象中的画面，将剪纸一一贴在白纸上，就这样一幅故事贴画就完成了。最后家长还可以让孩子分享一下贴画中是什么样的故事。

做扇子

做法：家长可以提前准备四五根冰棍棒和一张白纸，然后在冰棍棒上钻个孔用来固定冰棍棒，孩子可以用水彩笔将冰棍棒染成彩色的，然后再把白纸裁剪成扇子的形状，染上颜色，粘贴在冰棍棒上，最后在扇子上画上图案就好了。

五彩螃蟹

做法：家长率先准备好几个贝壳和带铁丝的毛线，让孩子将贝壳染成自己喜欢的颜色，然后将毛线用胶粘在贝壳内部并把毛线折成螃蟹腿的样子，螃蟹的眼睛可以在纸上画好，然后剪下来贴到贝壳上，就这样五彩的螃蟹就做好了。

小相框

做法：在白纸板上画一个半径为 5 厘米左右的圆，在圆的周围剪出一圈小锯齿，再剪一张自己的相片贴在圆的中心位置，然后用彩色的毛线有规则地在齿轮上来回缠绕，直到每个齿上都绕满了两圈，将线头塞好，再给圆纸片上穿上丝带，小相框就这样诞生了。

这类手工游戏可以培养孩子的耐心和细心，加强孩子的注意力、动手能力和想象力，能否有始有终地完成一件事情，做事的时候能不能专注认真地完成是孩子自制力和坚持性发展的重要标志，在这个过程中，家长要格外地重视。慢一点，多陪陪孩子，这样才更有助于孩子的成长！

◆ 性别游戏：游戏中理解性别，
"我们平等，却天生不一样"

"妈妈，为什么豆豆可以穿裙子，而我不能穿裙子啊？"强强拽着妈妈的衣服问。

"因为你是男孩子，而豆豆是女孩子啊。"

强强皱着眉头说："女孩子都是爱哭鬼。"

"为什么这么说呢？"妈妈好奇地问。

"我们班的女孩子特别麻烦，不小心摔倒了就会哭，一点儿也不坚强。"

"可是女孩子是不是有时候也有比你做得好的时候呢？"妈妈一步步引导着他。

强强低着头想了一会儿："娜娜比我细心，小梦比我学习好……但是我的力气比她们大！"

"这样看来，男孩子和女孩子各有各的长处呀。那你还觉得女孩子麻烦吗？"妈妈趁机问。

强强思考了一下，不好意思地笑道："不了不了，'惹不起'。"逗得妈妈哈哈大笑。

在现代社会中我们不难看到一些关于孩子性别认知方面的争议，比如之前就有"三岁男孩进女浴室被拒绝"的新闻，新闻中，一位女士想要带着自己的外孙进到浴池洗澡，由于家中没有男性长辈，所以想把孩子带到女性浴池中去，但是被商家拒绝了。就这个行为，引起了网友们的热议，虽然有少数人并不认同商家的做法，但大多数人都认为孩子已经到了懂得性别区分的年纪了，进入女性浴池会给他人带来不便。

其实根据心理学的研究表明，三四个月大的婴儿就已经能够把男性和女性区分开来了。在1岁的时候，大约75%的幼儿也已经能够分辨男性和女性的脸了，换句话说，也就是在孩子学会说话走路之前，他们就已经拥有对男性和女性进行知觉分类的能力了。

在1岁半到2岁的时候，孩子已经能够利用性别标签来确定自己和别人的性别，而到了2岁半到3岁之间，几乎所有的孩子都能够准确地判断出自己是男孩还是女孩。但这个时期孩子还没有形成真正的性别角色意识，需要进入青春期之后才能真正形成。

经科学调查显示，孩子如果在幼儿阶段就接受性别教育，其效果要比青春期阶段更加显著。因此对孩子展开良好的性别教育，帮助孩子建立健全的人格，对于孩子以后乃至整个人生处理两性关系都有很大的帮助。

在我们国家，孩子的性别教育还不够完善，部分地区还存在幼儿园的小朋友不分男女，共用同一个厕所的情况，这其实对孩子辨别性别会有很大的影响。

一般孩子在幼年时期会产生性别概念模糊无外乎以下几种原因：

父母的性别角色错位

父母之间相处时，有时可能父亲太过软弱，或者母亲性格较为强势，性格偏向男性化，这些都会导致孩子产生性别模糊。

父母与孩子的关系不健康

父母双方对孩子的影响程度不一样，又可能一方比较冷淡，而另一方对孩子可能比较宠溺。

父母喜欢相反性别的孩子

这种情况一般会出现在女孩身上，尤其是当孩子出生时，与父母期望的性别不一致的时候，父母潜意识对孩子用反性的方式进行培养。

孩子的过分崇拜

孩子对于异性的家长过分崇拜，下意识地模仿学习他们的行为方式，进而导致对性别的模糊。

家庭不健全

父母离异或者长期分离两地，导致孩子对性别的认识不够完全。

孩子缺乏安全感

父母双方的关系不够好，经常吵架甚至有家暴的行为，使得孩子严重缺乏安全感，对性别的区分不够明确。

如果孩子在幼儿时期对性别认知模糊，家长该怎么调整心理呢？

首先，家长不要因为孩子对于性别认识不足而产生担忧和紧张，应当尽量保持积极的心态，因为小孩子对情绪的感受比较敏感，也比较容易受到影响，所以家长积极的情绪会带动孩子也形成积极乐观的心态。当孩子询问性别方面相关的知识时，家长要正面积极地回答他们，让孩子产生对性别的基本认识，这样更有利于孩子的成长。

其次，了解孩子的正常需求，不要苛责孩子的过分举动。家长在教育孩子的过程中，要努力把握好范围，不能出现超出孩子年龄段、现实状况等的情况，不要超前教育。面对孩子可能出现的"过分"举动，家长也尽量不要表现出不自然的表情，更不能训斥责骂孩子，而是要用一种孩子能够接受的方式，心平气和地与他沟通，说明理由。

最后，家长要给予孩子足够的爱、感情和安全感，为孩子营造出一种快乐和谐的心理环境。在这种环境中，孩子的情操和自我调节的能力都会有所提升。

在家长调整好自身的心理状态后，再引导孩子逐步确认、区分什么是性别不同，重新塑造孩子对于性别的认知。具体可以这样做：

从日常的洗澡时间开始，培养孩子对性别的认识

家长可以分别带同性别的孩子洗澡，比如爸爸带男孩洗澡，妈妈带女孩洗澡。在洗澡的过程中，一边清洗身体，一边为孩子普及生理性别知识。告诉孩子哪些地方是别人不能碰的，保护好自己隐私的同时，也不能够侵犯别人的隐私。

寓教于乐，通过角色扮演等性别游戏确立性别意识

家长可以通过性别游戏，让孩子在游戏中了解性别，并意识到"我们平等，但是天生不一样"，比如：

游戏：家庭角色扮演

过程：家长可以引导孩子模仿不同性别的家庭人物，男孩可以装扮成爸爸、哥哥、弟弟等这类的男性角色，女孩装扮成妈妈、姐姐、妹妹等女性角色，并通过扮演过程中的穿搭加深孩子对性别的基本印象，像是女孩多穿裙子，男孩多穿裤子，女孩多留长发，男孩多留短发，等等。

引导孩子注意性别差异和平等

家长要告诉孩子男女有别，要注意避免在异性面前赤身裸体。有的孩子会在公共场合脱下裤子上厕所或者突然掀开上衣等，家长要及时地制止，并教育他不要做出这种行为，这是不礼貌的行为。

家长注意不要表现出对性别的偏爱，否则容易使孩子从心里否定自己的性别，出现性别认知模糊。对于孩子的性别教育，家长要告诉孩子，性别没有对错之分，不可以有性别歧视的话语和动作，要平等和平地与别人相处。就像最初的强强一样，家长要注重对孩子的引导，让孩子学会尊重和异性的性别差异和地位上的平等。

不要过度地树立生硬固化的性别意识

家长不要规定男孩一定要做什么，一定不能做什么，女孩一定要做什么，

不可以做什么，比如女孩不可以玩枪战游戏、格斗游戏，男孩才可以；男孩不可以玩娃娃、过家家，只有女孩才可以，等等。这种灌输的固化印象对孩子的未来不一定有好处，反而会使孩子因为喜欢异性的一些行为、习惯而产生心理压抑感，最后心理上发生不好的变化。

其实男孩也可以拥有女孩所特有细腻、细心，女孩也可以像男孩一样坚强、果断、不服输，固化的印象并非就一定是正确的，家长要和孩子说清楚，也可以通过游戏的方式，帮助孩子加强理解，比如：

游戏：猜猜我是男生还是女生

道具：准备一些人物的图片，包括穿裤子的男孩、穿裙子的女孩、留短头发的女孩、踢足球的女孩、做手工的男孩等。

过程：家长可以和孩子进行比赛，说出图片中的人物是男孩还是女孩，看谁答对的次数多，从而得到奖励。

这种游戏可以很好地帮助孩子打破对性别的固化思想，加强理解，挑战成功后，家长要记得及时给予孩子表扬和奖励，即便孩子失败了，也要记得多对孩子进行鼓励。

良好的性别意识可以让孩子更好地适应这个社会，更好地保护自己，让他更加健康地成长起来。因此，家长一定要及早重视！

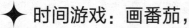 时间游戏：画番茄，
　　　　　孩子管理时间的能力要从游戏中获得

　　晚饭后，心心缠着妈妈想要看电视，妈妈被缠得没办法，只好同意她看十五分钟的电视。

　　获得批准的心心赶快打开了电视，观看自己喜欢的动画片。对于刚刚上幼儿园的欣欣来说，她并不知道十五分钟意味着什么，也不了解十五分钟到底有多长的时间，但是妈妈答应她可以看动画片，她就已经很满足了。

　　一集动画片结束，妈妈对心心说："把电视关了吧，时间到了。"

　　"啊？时间已经到了？"心心很不可思议，"十五分钟怎么这么快就到了？我才看了一集。"

　　"是啊，时间总是过得这么快，所以我们才应该更加珍惜时间才行。"

　　"我还以为有很长时间呢。"心心失望地说。

　　妈妈摸着心心的头语重心长地说："时间总会在不知不觉间从我们的身边溜走，无论是生活中还是学习的时候，都要好好地利用时间，这样才不会觉得时间被浪费掉了。"

　　"哎，看来我以后要好好计划一下了，要不然时间都过去了，什么都来

不及干，动画片也看不够。"心心像个小大人似的说。

　　时间是个很抽象的概念，它存在于我们身边，却又让我们不易察觉，等发现的时候，它已经过去很久了。对于成年人来说，时光易逝，快节奏的生活方式、丰富的人生阅历无时无刻不在提醒着成年人时间是什么。但是在孩子的世界里，他们对于时间的概念还不太理解，他们无法感受到时间的飞逝，因此也不会很紧张自己的时间被浪费了。珍惜时间？那是什么东西？这是当家长训斥孩子浪费时间的时候，孩子的第一反应。他们茫然，然后继续浪费着。

　　对于孩子浪费时间的行为，家长看在眼里，恨在心里，恨不得时时刻刻提醒着孩子珍惜时间，但是这种直接的提醒大多时候都不能取得很大的成效，原因就在于孩子对时间根本没有概念，不知道的东西怎么遵守？所以想让孩子学会珍惜时间、合理利用时间，家长首先要让孩子明白什么是时间，这样孩子才能对时间有一个完整的概念。

　　家长这样做，可以让孩子建立起时间观念：

从小事入手，帮孩子明确时间

　　家长从生活中的小事开始，对孩子做的每一件事情都用精准的时间来表达，比如家长可以这样说："现在七点了，我们应该起床了，八点我要送你去学校上学""五点你要开始作业，六点我会来检查，如果没问题，晚上八点的时候，你可以看二十分钟的电视"，等等。这样做可以让孩子意识到钟表上的数字并不仅仅是数字，它与我们的生活息息相关。久而久之，孩子就会逐步建立起时间的观念，在做每一件事的时候都会主动去看时间，形成按时完成任务的习惯，甚至不需要家长去提醒，就直接自己完成了。

设置简单任务，加深对时间的理解

　　在孩子了解到时间的概念之后，家长就可以适当安排一些简单的任务给孩子了，比如在十分钟之内把衣服穿好，在二十分钟之内吃完饭，等等。刚开始孩子可能完成起来比较困难，时常会有拖拖拉拉的现象，这个时候家长就可以帮助孩子准备一个小闹钟，适当督促孩子去完成。当孩子真的在规定的时间范围内完成了任务，家长可以给予他一定的奖励。如果没有完成，也可以设定一定的惩罚。需要注意的是，不管惩罚也好、奖励也好，都要提前和孩子商量好，要让孩子接受同意，这样实行起来才更容易，不会引起孩子的逆反心理。

让孩子注意琐碎时间，合理安排

在孩子能够理解时间，并主动去完成事情的时候，往往会忽略掉生活中的一些琐碎时间，导致浪费，这个时候家长就可以提醒孩子好好利用这些琐碎时间，不仅仅告诉他们就结束了，家长还应当尽量地教会他们，或者给孩子展示一下，方便他们更好地理解。比如在孩子等车的时候，可以让他们看一些故事书，或者利用洗漱的时候，在脑海中想一下今天要做的事情，等等。这样不仅可以让孩子意识到时间是时时刻刻存在的，还能更完整地树立起时间的观念。

在我们小时候也总是希望时间能过得快一点，好能快点长大。但是随着年龄的增长，直到现在才渐渐明白时间的珍贵。为了让孩子在成年以后，不再像我们一样为自己小时候浪费的时间而感到后悔，为了让孩子在长大之后依然能有充足的时间，家长要尽量从小培养孩子合理利用时间的习惯，让孩子学会珍惜时间，学会时间管理，这样孩子才能在长大之后从容地面对生活时间的紧迫，才能有更多的时间做自己想做的事情。

在孩子逐渐成长，尤其是在进入小学之后，随着学习内容的增加，学习的压力会越来越大，要做的事情也会越来越多，每次都要花费大量的时间在作业上，如果孩子比较磨蹭，那么时间会更长，甚至会影响孩子的睡眠时间。如果孩子不学会进行时间管理，那么孩子不仅学习会受到影响，生活健康也会受到影响。尤其是孩子的睡眠得不到保障的话，会直接影响到孩子的生长发育和身体健康。由此不难看出，学会时间管理对于孩子来说是一件多么重要的事情。

学会时间管理的孩子，无论发生什么突发事件，都能合理地安排管理自己的时间，从容不迫地面对。那么孩子怎么样才能更好地管理时间呢？

首先，让孩子认清自己和时间的关系。家长要尽量让孩子理解时间意味着什么，只有有充足的时间，他们才可以做自己想做的事情。并且时间对每个人都一样，即便孩子的年纪还小，时间也不会因为他们年幼而走慢些，如果一直浪费时间，最后想找回来是根本不可能的。

其次，让孩子和时间成为好朋友。时间是人类最忠实的朋友，陪伴了人的一生，家长要有意识地引导孩子和时间成为朋友。当他们学会合理利用分配时间，他们的每一件事情都能做好，生活也会随之丰富起来，时间也会为他们高兴，和他们共享喜悦。

最后，提高孩子的自制力，学会自律。家长要想让孩子管理好自己，就要提高孩子的自制力，因为即便时间管理做得再好，执行力、自制力不够，也没有办法。培养和帮助孩子养成自律的习惯，该做什么的时候就做什么，每一件事情都尽心尽力地去做，这样事情才能做得更好。

比起生硬地灌输，游戏更容易让孩子接受，因此家长可以利用游戏来让孩子学会时间管理。下面推荐一款很管用的时间管理的游戏方法，我们一起来看一看吧！

游戏：画番茄

做法：找出一张白纸，在上面画一只大大的番茄，在番茄中写出现在要做的一到三件事，最好数字化，比如做完40道数学题等。在接下来的25分钟内，全部精力都投入到要进行的任务中，每完成一项在上面打一个钩，如果担心会分心，可以将番茄放在最显眼的位置。直到25分钟结束后，可以休息5分钟。在这5分钟中，尽量离开桌子，完全从刚刚所做的事情中脱离出来，放松大脑。然后再进入下一个循环。

画番茄的学习方法可以让孩子将任务可视化，完全不需要思考，一眼就能看懂，将全部精力聚焦于一点，使孩子更加专注。

良好的时间管理可以让孩子的生活更加规律健康，但是到底孩子才是时间的主人，家长只能进行引导，尊重孩子的想法，多倾听，耐心地陪伴孩子学会自己应对生活中的挑战，找出最适合自己的步调，陪孩子慢慢长大。

◆ 群力游戏：让孩子找到自己的"角色定位"

丹丹今天从幼儿园回来的时候特别高兴，她满脸兴奋地和妈妈讲述着今天发生的事情。

"妈妈，今天老师带我们玩了老鹰抓小鸡的游戏，我被选中做鸡妈妈了，然后我就一直保护着我身后的小鸡们，在我的保护下，一只小鸡都没有被老鹰抓走。"

"真的吗？那你真棒。"

"我和同学们合作得可好了，结束之后，大家都夸我，说以后还要选我当鸡妈妈呢！"

妈妈看着丹丹开心的模样笑了，这种游戏的方式可比老师一点点讲管用多了。

随着孩子年龄的增长，生活范围不断扩大，孩子会从最初的"独自游戏"阶段过渡到"集体游戏"阶段。集体游戏也可称为群力游戏，是指两个或者几个孩子一起玩的游戏，在游戏的过程中，孩子除了可以获得快乐，还能学会遵守规则、与人交往、独立思考解决问题，孩子的心智得到了充分的发挥。

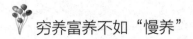

在群力游戏的阶段，孩子的游戏主要可以分为三类，分别为平行游戏、模仿游戏和创造性游戏，不同年龄段的孩子进行的游戏内容不一样。

平行游戏

平行游戏是孩子刚刚过渡到群力游戏时的一种常见的游戏方式，在这种游戏模式下，孩子看似在和别的小朋友一起玩耍，但是实际上是各玩各的，两者之间没有任何的交流与合作。

模仿游戏

这类游戏一般出现在孩子3岁到4岁之间，游戏的内容多为模仿成人社会生活中的一些场景，比如模仿经营商店、医生看病等。孩子通过模仿生活的日常场景，不断地认识新事物，探索新世界，在游戏中孩子可以相互交流、相互启发，严格遵守着游戏中的规则与秩序，并对彼此之间的联系有一个新的认识。有的孩子可以在游戏的过程中学会谦让、互换玩具，有的孩子在游戏中学会了怎样控制自己的情绪、如何保护自己的伙伴等。

创造性游戏

创造性游戏一般出现在孩子五六岁的时候，这个时期的孩子理解能力已经非常高了，他们已经能够开始认真地进行思考，并且开始慢慢独立。孩子对于物体的观察已经不仅仅局限于颜色了，而是开始关注事物的形体。孩子的注意力也变得更加集中，对于自己感兴趣的、趣味性比较强的游戏，还能够全身心地投入进去，玩很长时间。对于这个年纪的孩子来说，简单的模仿已不能再满足他们对社会生活的需求，他们的创造力开始逐渐显现。孩子能够用积木创造出人和动物的形象，能用黏土非常合理地做出房子的大致轮廓，甚至是大象的鼻子、动物的脑袋和人的双手等。

孩子参与群力游戏除了与他的年龄有关，还与其认识发展、语言能力和情感成熟度有关。社会能力是一种和他人的关系，孩子在参加群力游戏的过程中，会接触越来越多的同龄人，进而衍生刺激，让孩子逐渐意识到朋友的重要性。因此，孩子多参加群力游戏好处多多，具体有：

增强孩子的集体荣誉感和合作精神。在群力游戏中，孩子们通力合作，相互适应、磨合，共同进退；

通过游戏的方式增强孩子的团队合作意识，改善孩子对自身的认识和对他人的认知；

提高孩子的创新能力，改变以往固有的思维模式；

培养孩子良好沟通和学会倾听的能力，充分调动孩子学习的主动性；

培养孩子的责任感，加深孩子对自我的"角色定位"；

增强孩子的自信心，形成严谨的学习和生活态度；

使孩子更加积极努力，超越自我。

由此可见，团队活动有着深刻的内涵，不仅包括丰富的活动内容，还有多彩多样的活动形式，对孩子的思想修养、文化修养、综合能力等各个方面都有着非常积极向上的影响。

下面为大家介绍几款适合孩子玩耍的群力游戏，让孩子既可以得到快乐，又能学到东西，我们一起看看吧！

捉迷藏

做法：

第一步，选定一名小朋友作为寻找者：用手挡住眼睛，大声数 50 个数字（具体数量视情况而定）；

第二步，在寻找者数数期间，其他小朋友要找到藏身的地方，当 50 个数数完时，寻找者按下定时五分钟的闹钟，开始寻找。每当找出一人，寻找者就将便利贴贴在对方身上，表示已经被淘汰；如果寻找者能在规定的时间内将所有人都找到，则寻找者胜利，反之则其他人胜利；

第三步，第一个被淘汰的小朋友接替之前的小朋友成为寻找者，游戏继续。

优点：

孩子经常玩捉迷藏的游戏，可以让孩子感觉到分离和重聚都是可控制的，能优先缓解孩子对于分开的焦虑。并且还能锻炼孩子的空间思维，使得孩子不断探索，不断发现，不断创新，促进大脑发育。

此外，捉迷藏游戏可以很好地去除孩子"以自我为中心"的想法，为了更好地躲藏，孩子会开始站在别人的角度思考问题，如何才能藏好？我如果是寻找者，我会去哪里找人呢？不但促进了孩子认知能力，还让孩子学会了多角度思考问题。

沙地运球

做法：

第一步，小朋友和家长组成两人一组，拿好篮子，篮子内放好球；

第二步，两人通力合作，用抬、搬、背、提等方式，拿着篮子越过障碍，将球全部运送到终点即可，用时最短的那一组获得胜利。

优点：

这个游戏可以很好地培养孩子的责任感和合作的能力，还可以锻炼孩子应对合作中出现问题的处理能力。

拔河

做法：

第一步，将红绸子系在拔河用绳的正中间，绳子两边则交给双方的成员；

第二步，在赛道上画3条白线，居中的白线与红绸子平行，两边的白线则为界线；

第三步，随着裁判的哨声，双方成员用力向己方拉动绳子；

第四步，红绸子越过哪边的白线，则哪边获得胜利。

优点：

拔河是一项非常适合孩子进行的群力游戏，在这个过程中孩子可以体验团队合作带来的乐趣，即便是最后输掉了比赛，也会觉得非常有意义。通过拔河，孩子可以知道集体的力量始终是要大于个人的，有些事情，可能单单靠我们一个人的力量是无法完成的，但是我们靠团队的力量，所有人团结起来，凝聚起来，就可以完成，发挥最大的作用。

尤其拔河这项运动是可以让孩子直接看到回报的，大家心往一处使，力往一处用，就能立刻得到回报。对于性格内向的孩子来说，拔河使得他们更容易与同学增进友谊，产生感情，更好地融入团体之中。

你行我不行

做法：

第一步，先让孩子写出自己的长处和短处，成绩、性格、运动等方面的都可以；

第二步，然后和身边的小朋友进行对比，找出自己最想要改变的方面；

第三步，由家长对孩子进行帮助和监督，之后孩子就按照对方的生活方式进行锻炼，改正自己的不足之处。

优点：

现在的孩子身处于一个充满了竞争的社会，这个游戏有利于家长帮助孩子树立正确的竞争意识，引导和帮助孩子不断完善自己，变得更加优秀，越挫越勇，变得坚韧与乐观。这样在以后的生活中孩子才能在竞争中克服困难，努力拼搏。

家长要多鼓励孩子参与集体活动，多和同龄人接触，这样对以后的社交能力、行动能力都有很好的帮助，多进行群力游戏可以提升孩子的勇气，早点明白自己的"角色定位"，更加游刃有余地在集体中生活。

第五章

能力养成："慢养"不是不养，
养孩子重要的是养能力

　　一年级的小孩，考 100 分和能够自主学习哪个更重要？教育重要的是培养孩子的能力，而不是短期目标上的成绩，只不过成绩很直观，可以直接诱发家长的焦虑。其实，家长真正应该操心的是孩子有没有养成以下的能力：阅读能力、表达能力、记忆能力、感知能力、社交能力……

✦ 阅读能力：有些孩子从小就爱看书

几个在校门口等待接孩子的家长正在讨论这次的语文考试。

"这次语文考试，我家孩子作文又丢好多分！"

"我们家也是，我现在天天让他回家看一个小时书，也不管用。"

"你们家的孩子还能看得下去书啊，我们家孩子根本一眼也不看，一提看书就皱眉头。"

"我家也是，我正考虑要不要报个培训班呢，听说那个张老师写作班不错啊，我想给我家孩子报名试试，要不要一起啊？"

"行啊！""多少钱？""孩子作文分能提高多少？"

……

不怪家长们如此焦虑，现在小学课程中仅五年级语文的作文比例就占到30%~40%，而且据专业人士分析作文在语文考试中的占比还会增加。众所周知，阅读量是文章的基础，想要文章写得好，必须提升阅读量。然而，家长也发现，现在的孩子越来越不爱看书了，不爱看书自然没办法提升阅读能力。

对于不爱看书的原因，很多家长归咎于现在吸引孩子注意力的电子产品太多，但细想并不成立，电子产品和娱乐产业的兴起是近些年的事情，孩子不爱读书却是从古至今的难题，那么什么才是导致不爱读书的真正原因呢？

首先，我们需要了解人的大脑。大脑偏爱即时快感，本能反感不能马上获得快感的行为。我们的大脑虽然经过漫长的进化，但是还保有最大的功能，就是保证人的生存，其他高耗能的活动如学习、思考都是违背大脑的生存机制的，读书这种思维活动，也包含其中，是违反大脑的本性的。所以面对阅读，大脑就会下意识发出拒绝和逃避的指令。想要转向更为轻松的活动，玩游戏、看动画等。

试想一下，一本书和一个正在播放短视频的手机哪一个对于人更有吸引力？孩子的大脑生长发育并不成熟，自制力弱，自然会被更直观收到快感反馈的事物所吸引。

其次，读书的动机。父母和老师都知道读书的重要性，所以就会给孩子下任务，孩子是为了任务或者为了免受家长和老师的责罚而读书，并不是出于内心真正对于阅读的喜爱，没有长久的兴趣支撑，自然是三天打鱼两天晒网，而阅读能力的养成并不是一朝一夕就能见到成效的。

最后，环境的影响。父母是原件，孩子是父母的复印件，如果复印件有问题，那一定是原件出了错。父母都不爱读书，爱刷手机，爱追求即时满足感，家里没有读书的环境，孩子自然有样学样。那么为什么阅读这么重要呢？

第一，对于所有人来说，阅读可以开阔视野、转化经验。

我们每个人都生活在自己特定的圈子里，获得的经验也是来自自身或者周围有限的人身上，所以我们的认知有很大的局限，甚至是错误，阅读给了我们提升认知的机会。通过阅读我们可以领略古今中外不同时间、空间的人和事物，可以开阔视野和参照别人的经验并转化成自己的经验。

第二，对于孩子来说，阅读能力有益于各方面能力的发展。

语文是其他学科的基础，而阅读能力又是语文的基础。有益的阅读可以增长见识，愉悦身心，书籍带给我们的益处非常多，可以开阔视野，提升修养，书读得多知识面更加开阔，思维更加活跃，遇到问题能有更多的解决方案。

至于提高语文作文水平、提升表达能力等，正如杜甫名句所说："读书破万卷，下笔如有神。"当有大量的阅读时，素材丰富，融会贯通，自然不用刻意地去报什么写作班，就会有自然流畅又有思想的表达。

既然阅读如此重要，那么从小培养孩子的阅读能力就显得尤为必要。

儿童书面语言发展的关键期一般在4岁到5岁，这时候的孩子可以理解文字、图片和其代表的意义，那么我们就可以从此时有意识地开始培养孩子的识字阅读能力。家长具体从哪方面入手呢？首先从阅读方式上我们可以选择：

图画阅读。对于4岁到5岁的幼儿来讲，基本不认识汉字，或者有很小的文字储备量，而我们又想培养孩子的阅读习惯，这时候图画书就是一个很好的选择。儿童的图画书大多配色艳丽，人物比例夸张，或者动物拟人化，符合孩子的审美，很容易吸引孩子的注意力，可以激发孩子的阅读兴趣。另外，孩子识图和阅读时大脑会有相似的反应，都可以刺激语言中枢的发展和成熟。

所以，我们就可以在孩子的这个年龄段，多备一些图画书，并且坚持和孩子一起阅读，这是建立孩子阅读习惯的基础。

指读。指读是指在阅读时，一边用手指着字，一边读出字的读音的读书方法。随着孩子的年龄增长，文字储备量在增加，家长可以不再仅限于图画书，在孩子由识图到识字的过渡期，我们就可以采用指读的方法逐渐增加孩子的词汇量，提高孩子的阅读速度。

研究证明，在父母为孩子指读时，孩子能保证较长时间的注意力，也就是能够保证阅读效果。另外，为了保证指读的效率和速度，使指读达到最好的效果需要注意几点：

阅读不能长期依赖指读，指读只是刚接触文字阅读和自主阅读之间的过渡时期，适用于刚开始接触文字阅读的孩子。当孩子的识字量和阅读能力达到自主阅读的时候，就要舍弃指读。

指读并不是一个字一个字指着读，刚开始可以跳跃指着词语去读，再逐渐变成指着整句去读，逐步增加一点难度，才能达到提升阅读能力的效果。

同时从识字训练上我们也有几种方法可供参考。

视点训练。这一训练方法基于著名的脑力开发科学家威·温格的视点训练法和美国心理学家斯佩里和麦伊尔斯的左右脑技能优势论。主要目的是为了提高孩子认读汉字的速度。

人的大脑分为左、右两个半球，其中左脑主要负责处理语言、逻辑、数学和次序；右脑负责处理节奏、旋律、音乐、图像和幻象，科学研究表明，右脑在阅读时起到非常重要的作用，而将左右脑有机协调则能有效提高学习效率。这一训练法就是将左右脑结合的识字训练。

具体的操作方法如下：

第一步，先准备大小为 18cm×13cm 的白色硬卡纸和普通白纸若干。

第二步，将想要学习的汉字和其相对应的图片打印到普通纸上。这里需要注意的是，汉字可以选择不同的字体，如宋体、楷体等，图像也要选择同一个汉字代表的不同形象，比如"花"可以选择不同种类和不同颜色的花。

第三步，处理硬纸板。先在纸板中间画出一道竖线，将纸板分为左、右两部分，再在整张纸板的中心画一个小十字。

第四步，将汉字和图片贴在硬纸板上，汉字贴在右侧正中间，图片贴在左侧正中间。

按照以上步骤制作完毕后，就可以开始训练了。

家长将所有的硬卡片放在一起，然后抽取其中一张，在孩子面前快速呈现，卡片的展示时间不超过一秒钟。随后让孩子说出刚才的字是什么，每张卡片皆是如此。

视点训练有助于孩子快速识记汉字，增加词汇量只是提供了阅读的基础，要想提高阅读能力还是需要将卡片训练的文字应用到实际中，这样才能将识字量转化为阅读能力。

　　除了视点训练的训练方法，家长还可以玩一些其他的词汇量游戏，比如词语接龙、事物分类（家长说出某一类事物的名称，孩子说出具体的事物，比如家长说"动物"，孩子就说出"猫""狗""兔子"等）。

　　除了这种刻意练习，日常的机会教育则更简单也更自然，其实只要我们细心观察，日常生活中也有很多提高词汇量和有助阅读的机会。比如我们平常看到的广告单、宣传单等，大多色彩艳丽吸引人眼球，小孩子同样感兴趣，这时候我们就可以像看图画书一样给孩子讲解图画和文字。再比如带孩子出去逛街或者游玩，大街上的广告牌、街道名称、宣传标语、超市的商品名称等，到处都是图文结合的展示，这是很好地结合语境理解和识字的机会。

✦ 表达能力：孩子说得明白比会说更重要

童童的妈妈最近正在为一件事烦恼，童童已经到了幼儿园的入学年龄，却迟迟不敢送童童去上学。原因是童童表达能力很差，日常对话沟通有问题。

童童开口说话本来就晚，两岁多才开始会说单个的字，比如"吃""疼""水"。童童的父母并未引起重视，认为孩子大点就好了，只要听力没问题，还能学不会说话吗？于是就没有做什么干预，而且童童的家长和童童之间似乎有一种默契，每次童童想要什么东西或者有什么要求时，刚开始着急表达不出来嗯嗯啊啊半天，妈妈就直接将东西拿来或者直接满足孩子的要求。童童刚开始还是可以用单字，比如"饿""渴""饭""干"（饼干）等来表达要求，当家长通过意会就明白了童童的意思后，童童就干脆只说"这""那"来代替，当妈妈询问："你要的是这个酸奶吗？"童童只需要回答"是"就可以达到目的了。

等到孩子快上幼儿园了，童童妈妈才发现问题的严重性，童童不会表达基本的需求，有了什么问题更没法和老师说明白，这才开始着急，但是语言和表达能力又不可能一夜之间变得流利顺畅，为此童童妈妈又着急又不知怎么办。

穷养富养不如“慢养”

很多家长会和童童妈妈有着相同或相似的烦恼。孩子说话晚，说不清，大舌头甚至结巴，都让家长头疼不已。

语言是人类独有的表达方式，是区别于其他动物的一种高级思维活动。是我们用来传递信息、表达情感、沟通和交流的最重要的工具。

语言表达能力可以体现一个人的学识、修养、知识储备量、情商。可以说语言表达能力的高低反映了心智能力的差异。语言智力是人类的第一智力，是发展其他智力和社交能力的关键因素。口才好的人善于组织语言，能将话题讲得引人入胜。推销员、保险员、教师、律师、管理者、企业家、个体户……各种职业各种工种都离不开语言表达，在现代社会，语言表达能力不再是某个行业或者职业的特定要求，拥有好的语言表达能力已成为各行各业的必备技能，是个人形象和工作能力的加分项。

语言表达能力的重要性无须再强调，我们还是来看如何能够获得这样的能力。想要获得有效的方法，就得知道根本的原理。我们先来了解语言学习的大脑原理。

在我们的大脑中有专门负责语言活动的区域，他们以两位医生的名字命名，分别是：“布卡洛区”和“威尼克区”。布卡洛区位于大脑左侧下回盖部、三角区和前脑岛，负责语言的组织，因此也叫“说话区”；威尼克区位于左脑颞上向后部，负责语言的理解，也叫“听话区”。人类可以说话的原理就是：从视觉皮质接受刺激先传递到威尼克区，理解了语言的含义，再传到布卡洛区组织语言，最后通过运动皮质控制嘴巴发出声音，说出想说的话。

同时连接这两个区域的部位叫作弓形束，弓形束、布洛卡区和威尼克区共同构成人类的基本语言神经网络。科学研究表明，当人们接收不同语言刺激时，大脑的语言神经网络各个区域会有不同的反应。

有研究表明，婴儿从 3 个月开始就会咿咿呀呀地喃喃自语，这时候的发声虽然是无意义的，却表明婴儿在为语言的发生做准备，而且就算是聋哑父母的孩子也会在这一时期有同样的行为，也会发出这样的宝宝语。但是随着时间的推移，情况就发生了不一样的转变，普通家庭的宝宝会接收到更多的语言信息，宝宝不断模仿和学习，喃喃自语最终会演变成开口说话，而聋哑人的宝宝则没有这样的语言刺激，也没有模仿的对象，渐渐喃喃自语就消失不见。但是后天如果对聋哑人的宝宝刻意训练，还是可以开口交流，学会说话的。

婴幼儿时期到儿童时期是语言发展的关键期，这个时期，如果孩子的语言神经网络得到充分刺激，那么就会增加词汇量，提升语法能力，反之没有充分的刺激则会影响语言表达能力，甚至延误语言学习的时机。

语言表达能力的学习虽说是一项终身学习的事业，而幼儿时期是人类语言发生和发展的关键期，这时期婴幼儿语言已经开始萌芽，而且有很强的好奇心和模仿力，要想孩子语言表达流畅，需要抓住这个关键时期。婴幼儿时期可以采取简单一些的方法。

首先是听音训练。

练习的方式是孩子根据大人发出的指令，拿取相应的东西或者做出相应的动作。

比如大人可以在孩子面前分类摆放各种物品，有食品、玩具、日常用品等，大人发出指令："请拿一个积木"或"请拿一个牛奶"等。或者是父母发出指令，宝宝做相应的动作。"请拍拍手""请摇摇头"等。需要注意的是大人发出指令后不能有语言的提示，也不要心急，刚开始孩子可能不太理解，需要大人耐心引导。如果孩子感兴趣也可以趁机练习情绪方面的表达，比如："你开不开心啊？""好不好玩啊？"可以更好地促进孩子对语言的理解能力。

猜人物。可以拿着家里人的照片或者视频给孩子看，等孩子熟悉后，家长再指出某一个问孩子：这是谁？等孩子都可以回答后，可以将问题反过来问，比如：哪个是爸爸？哪个是奶奶？或者将问题升级：爸爸喜欢什么？奶奶怎么走路？

过家家。家长可以和孩子一起玩过家家游戏，用家中现有的玩偶和玩具就可以。 家长充当玩具的配音，从最简单的打招呼开始，引导孩子说你好，然后赠送小礼物说谢谢，不小心误伤小朋友说对不起，最后分开说再见等。

这样简单的对话不仅可以锻炼孩子的语言表达，也能有助于孩子在与人相处时养成文明礼貌的好习惯。

儿歌训练。可以选取一些带动作表演的儿歌，家长首先示范，边念儿歌边做动作，比如《手指歌》。

第一句"一根手指头呀，变呀变呀变，变成毛毛虫呀，爬呀爬"。

念出"一根手指头呀"家长可以双手都伸出一根手指，"变呀变呀变"可以用左右手的手指做转圈的动作，"变成毛毛虫呀，爬呀爬"手指模拟毛毛虫爬动的姿势。

儿歌训练是非常简单和带有趣味性的，同时还能锻炼孩子的语言表达能力和肢体协调能力。

随着孩子的语言理解能力、表达能力的提升，2岁以上的孩子可以选择比幼儿训练更复杂一点的游戏和方法来训练语言。

讲故事。讲故事可以是孩子复述听到的故事，也可以是看图讲故事。

父母可以选取经典的童话故事，选择安静的时刻给孩子讲述，等孩子完全熟悉这个故事后，就可以让孩子尝试着复述故事情节。需要注意的是，一个故事需要父母反复讲，孩子才能理解和记住，另外，一开始不要操之过急，如果孩子复述不流利或者表达不准确，父母也可以提醒或者纠正。

看图讲故事则是更有难度的训练，家长需要为孩子准备一些图画，3岁以内选用单幅画，再大一些的孩子可以选择多幅画。画中的形象要简单、突出，情节也要清晰明了，刚开始训练，父母可以问一些引导性、启发性的问题：图画中都有谁？他们在什么地方？他们正在干什么？孩子都理解并回答后，父母可以尝试问一些和情节有关的但是是画面外的问题：他们在说些什么呢？想些什么呢？经过家长的逐渐引导，直到孩子可以看到图画就可以描述一个简单的故事。

这样的训练非常有助于调动孩子的积极性和发挥想象力，提升语言表达能力。父母平时可以多多尝试。

角色扮演。父母可以通过和孩子扮演一些生活中常见的职业来提升口语表达。

比如孩子都喜欢玩的购物游戏，游戏开始，可以先由家长扮演超市的售货员和收银员，而孩子扮演顾客，"售货员"需要先向"顾客"介绍商品："请来看看新到的水果，苹果又大又红吃起来又脆又甜，快买回家尝一尝啊！""看这个小熊玩偶，浑身上下都是棕色的毛，圆圆的脑袋，胖胖的肚子，还戴了一个粉色的蝴蝶结，软软的毛茸茸的多可爱呀，把它带回家做你的好朋友吧。"等"顾客"决定购买的物品后，"收银员"负责扫码收款，"顾客"带着物品离开。然后角色互换，孩子扮演售货员和收银员，妈妈扮演顾客，游戏继续。

角色扮演过程中孩子会模仿父母使用的语言和动作表情，不仅锻炼口语能力，还能增加生活体验，学会生活技能。

以上的方法都是一些刻意的练习，学习语言最好的机会就是实际运用，平时多与孩子交流，多带孩子和其他的同龄小伙伴玩耍，多运用场景教育，并鼓励孩子多说话。在不知不觉中孩子获得了锻炼，提升了表达能力。

✦ 感知能力：让孩子善观察能判断

感知能力其实是感觉和知觉能力的综合。

感觉又分为内部感觉和外部感觉。内部感觉有运动觉、平衡觉和内脏觉等，外部感觉主要有视觉、听觉、味觉、嗅觉、肤觉。其中皮肤觉又可细分为痛觉、温觉、冷觉等。感觉就是我们的大脑对直接作用于各种感觉器官的客观事物的个别属性的反映。也就是我们的眼睛、耳朵、嘴巴、鼻子、皮肤在受到外界物理刺激时，大脑中的反映。

比如我们面对一个榴莲的时候，我们眼睛可以看到它表皮的尖刺，鼻子可以闻到它浓郁的味道，尝一口能感受到它果肉的绵软。但是眼睛只能看到外表却不能感知它的味道，鼻子也只能闻到它的味道而不知道它的外表。感觉器官只能反映榴莲的个别属性。

知觉与感觉不同，知觉是大脑对于作用于感觉器官的客观事物整体属性的反映。

当多种感觉共同作用时，大脑对外部刺激分析整合，我们才能有完整的"榴莲"的概念。

感觉是大脑对客观事物个别属性的反映，知觉是大脑对客观事物各种属性的整体反映。感觉是知觉的重要组成部分，是知觉的前提和基础。知觉则是感觉的深入，我们的感觉越丰富、越精确，知觉才会越完整、越准确。

感知能力的发展对于孩子的成长有很大的影响。如果孩子的视觉发展失调，孩子可能就会在写字时大小不一，阅读时删字增字；如果孩子的听觉因为感知力弱而变弱，则会无法集中注意力，听不进别人讲话，记忆力差，东西放在哪里转头就忘；如果孩子的触觉迟钝，则会导致小肌肉发展不足，动作缺乏灵活度，相反如果触觉过于敏感则会对新刺激产生不适应，不喜欢陌生人和陌生环境，缺乏自信等。

所以感知力影响孩子的适应和认知能力，影响孩子的生理和心理发育，培养和发展孩子的感知力非常有必要。

在培养感知力前我们需要来判断孩子知觉发展的水平，从而进行有效的训练。

知觉大致上可以分为三个知觉，一是形状知觉，二是大小知觉，三是方向知觉。家长在判断时，可以分别从这三个方面入手。

一、判断形状知觉水平

2岁到6岁是孩子发展形状知觉的重要阶段，在这个阶段，家长可以从孩子对图形的认知能力、分解与组合能力、知觉辨认能力这三种能力分别判断孩子的形状知觉水平。

认知能力

根据相关研究表明，不同年龄段的孩子对形状的认知不同。通常3岁左右的孩子可以认出圆形、正方形、三角形等简单图形；4岁的孩子能认出椭圆形、长方形、菱形和梯形；5岁到6岁的孩子能认出正五边形、正六边形、平行四边形等几何图形，以及立方体、正方体、球体等立体图形。针对不同年龄的孩子，家长可以使用一些不同的平面图，帮助孩子认知几何图形和立体图形。

分解与组合能力

不同年龄的孩子对图形的分解与组合能力也有所不同。3岁左右的孩子可以将1个正方形变成2个三角形；4岁到5岁的孩子可以将一个梯形分成1个长方形、1个和2个三角形；6岁的孩子能够将身边的事物分解成基本的几何图形，比如把公交车分解成4个圆形和1个长方形。家长在判断孩子的分解和组合能力时，可以把身边的事物当作模型，带领孩子分析事物中的形状。

知觉辨认能力

随着年龄的增长，孩子对复杂图形的知觉辨认能力也会不断提高。如图，3岁左右的孩子只能认识一部分复杂图形，而6岁孩子能够基本认识所有的三角形、矩形和圆形。

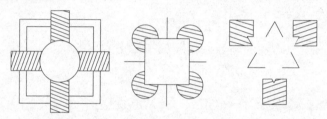

总体而言，辨认图形是2岁到6岁孩子学习几何数学的基础，因此家长在这个阶段要多培养孩子对各种形状的认知和操作能力。

二、判断大小知觉水平

大小知觉需要一定的经验积累，孩子只有在看到很多东西之后，才能慢慢地辨认物体的大小。通常2岁到3岁的孩子只能辨认一些平面图形的大小，比如他们能够分辨出图片中的两个苹果孰大孰小。3岁到5岁时，孩子就能辨认出立体物体的大小，比如知道两个玩具孰大孰小。

三、判断方位知觉水平

方位知觉与阅读有着紧密的联系，很多拥有阅读障碍症的孩子，之所以分不清楚"bdpq"这些字母，就是因为左右不分。因此，方位知觉的发展对阅读的影响很大。

通常2岁到3岁的孩子能够辨别上下方位；3岁到4岁的孩子能够辨别

前后方位；5岁左右的孩子基本能够以自身为中心，辨别出左右方位；6岁以后，孩子的方位知觉发展基本成熟，可以完全正确地辨别上、下、前、后四个方位，但在左右方位的辨别上还有些困难。所以在训练孩子的方位知觉时，家长最好及早训练孩子的左右辨别能力。

了解了孩子的感知觉发展水平，接下来我们来看具体的训练方法。观察力对感知力的建立具有重要的影响，训练观察力有助于感知力的提升。

看图识物。根据不同年龄段孩子发展的程度，分别可以用实物图画、简笔画和影画的方式来对孩子进行训练。

实物图画适用于2岁以下的幼儿，家长可以直接拿各种实物图片或者印有实物的图画书来陪孩子识物。2岁以上就可以用简笔画，直接用简单的线条将物品的轮廓和主要特征描绘出来，或者用影图的方式，可以利用皮影展示的原理，只将物品的轮廓展示出来让孩子来辨别和认识。在用简笔画和影图识物时，家长可以将实物与图画放在一起对比，帮助孩子更好地认识物体的特征，建立大脑感知觉联系。

此外同属于识物训练范畴的还有不同角度识物和不同形状认识等。

数字识别。此方法适用于3岁以上的孩子，方法很简单，只需要准备一些数字卡片或者挂图，带领孩子从最简单的个位数1、2、3开始认识，逐渐上升为两位数或者三位数。识别数字可以用联想的方法，比如1像铅笔，2像小鸭，并且对于相似的数字如6和9就要让孩子重点区分。数字识别也可以提升孩子的观察能力。

方位辨别。方位的辨别影响着大脑很多高级功能的发育。及早训练有助于提升观察力和感知力。

3岁以上就可以训练孩子辨别上下前后，4岁以上重点训练左右的辨别。这有一些小游戏，父母可以在纸上画出做出不同动作的左手和右手，或者不同方位的人物，然后让孩子回答哪个是左手，哪个是右手，以及谁站在谁的左边或者谁在谁的右边。

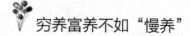

找不同和找相同。

找不同就是准备两张图画，两张图画中只有一处或者几处不同，让孩子观察两幅画，并且指出不同。找不同适合3岁以下年龄较小的孩子。

找相同游戏则是给出一个例图，然后在另一张给了很多干扰项的图片中找出和例图一样的那个。找不同和找相同都是考察孩子观察力的好方法，可以由简到繁逐渐增加训练难度。

孩子感知能力的成长发展和提升是一个综合和复杂的过程，除了日常对观察力的训练，最重要的是要让孩子动起来，多尝试多参与，多尝试没做过的事，多参与家务劳动、课外活动，全方位地锻炼感觉和知觉，提升观察力和对事物的判断力。

◆ 专注能力：孩子"多动症"和专注力不冲突

5岁的优优是一个活泼好动的孩子，平时出去玩总是不停乱跑，在家里也是一刻不停，就算坐在餐桌上吃饭，也是扭来扭去，腿在桌子下面踢来踢去。但是优优很喜欢研究各种动物，平时看到和动物相关的节目、玩具或书籍他就会安静下来研究半天。

这天爸爸妈妈要带优优一起去动物园，优优非常兴奋，对什么都充满好奇，活蹦乱跳，东看西瞧。他们开车来到了猛兽区，优优看见狮子和老虎就惊呼："哇，真的狮子和老虎！太棒了！"可是优优过了一会儿就感觉没意思了，动物园的狮子、老虎大多都在树下或者草地上趴着闭目养神，不能互动也不能投喂，优优失去了兴趣。可是在车里又不能下去，于是便开始吵着要赶快离开这里，他要去看猴子，妈妈示意优优安静，耐心等待车子穿过猛兽区，优优点头答应。

终于离开猛兽区来到了猩猩区，优优见到大猩猩十分高兴，又是打招呼又是模仿，可是刚看了没两分钟，优优就被旁边的节尾狐猴吸引，蹦跳着就去看节尾狐猴，正看着，隔壁的一只斑狐猴跳到了铁丝网上，优优又被斑狐猴吸引；这时狒狒发出了争抢食物的声音，优优又跑去看狒狒……

刚开始爸爸妈妈还有精力和耐心，过了一会儿他们就觉得优优实在是太活泼了，一趟游玩下来爸爸妈妈疲惫不堪，妈妈甚至怀疑优优是不是得了多动症。

多动症是一种脑功能轻微失调综合征，又称注意力缺陷多动症。

多动症有很多典型的特征，比如容易受外界刺激而分散注意力，常常一件事未做完又换另一件事，常常别人问话未完就抢着回答，在做作业时难以保持注意力集中，等等。

但是多动症和活泼好动是有明显区别的，首先，是注意力与兴趣，多动症儿童没有兴趣爱好，无论什么事都不能长时间集中注意力，但是好动的孩子在做自己喜欢的事情时就可以专心致志，并且不希望有人打扰。其次，多动症的孩子在公共场合不具有控制自己行为的能力，好动的孩子则具有控制力能保持安分不吵闹。

所以其实优优并不是多动症，只是注意力不集中，缺乏了点专注能力。

我们判断孩子是否缺乏注意力先要明白什么是注意力。首先注意力分为有意注意和无意注意。

有意注意也叫随意注意，指有预定的目的，需要意志努力的注意。比如我们为了考证书，尽管学习很难很枯燥，还是靠意志力克服困难，认真上课，认真刷题，这就是有意注意。

无意注意也叫不随意注意，指的是事先没有预定目的，也无须意志努力的注意。比如我们正在认真上课，突然老师的手机铃响了起来，那每个人都会不由自主地将目光投向老师。这是无意注意。再比如案例中的优优一次一次被其他猴子的声音或者动作吸引，也是无意注意。

我们谈论和关注的注意力一般是指有意注意。但是有意注意的关键点在于需要意志的努力，这对于很多成年人来讲都有困难，更别提大脑发育不完全而且好奇心旺盛的孩子了。所以，面对孩子注意力不集中，缺乏专注力的表现，家长不要着急也不要训斥孩子，而是需要了解孩子的专注力发展水平，然后耐心地引导和培养。

3岁至4岁的孩子，保持注意力的时间为3~5分钟；4岁至5岁的孩子为10分钟；5岁至6岁的孩子15分钟左右。现在再来看优优在动物园猛兽区的表现，只是和同龄孩子相比，缺乏了点专注能力。

我们都知道专注力的重要性，专注力可以帮助我们提高工作和学习效率，还会获得成就感和价值感，成就感和价值感反过来会更调动我们的积极性投入到下一轮的工作和学习中。这是表面上专注力带来的良性循环。从长远发展来看，专注力与孩子的思考问题能力和处理问题能力也有重要联系。专注力会让孩子更深入了解事物和问题的本质，激发思考，刺激大脑思维发育。

专注力并非天生就有，所以家长需要有意识地培养，让孩子为以后的学习和自我成长打一个良好的基础。在培养孩子早期专注力方面我们也可以从感觉的五方面入手，即视觉、听觉、味觉、嗅觉、肤觉。

首先我们看视觉发育刺激。1个月左右的婴儿眼睛只能看到距离自己20~30厘米的物体，所以在孩子刚出生时就拿着玩具在他头顶晃来晃去，其实没什么意义。但是婴儿的视力发展很快，2个月左右就可以两只眼睛同时注意一件物品。这个时候家长就可以多用一些颜色鲜艳的玩具来吸引孩子的视线，同时还可以用视线追踪来刺激孩子的视力发育。另外需要注意的是强光对于婴儿的眼睛有伤害，所以注意不要在婴儿的头顶用灯光直射，外出时也要注意戴帽子遮挡阳光。

婴儿的听觉发育早，在还是胎儿时候就有了，所以在妈妈怀孕6个月左右时，就可以给胎儿听胎教音乐。出生后的婴儿就能分辨不同的音色和音调，4个月大就可以对熟悉的声音有感知力，听到熟悉的声音会停下其他动作，7个月有了辨别声音方向的能力，所以这时候家长就可以用一些发出低分贝声音的方式来和宝宝玩"找声音"，锻炼孩子的听力和专注力。

婴儿很多部位的触觉在刚出生时就发育好了，比如手掌、脚底、眼睛、嘴巴周围。也可以进行"抓""握"动作，这时家长可以给婴儿一根手指让他练习，也可以换一些不同材料无危险的玩具来让婴儿感受不同质感。除了婴儿自己感受不同的触感外，家长也可以用日常的动作来训练宝宝的触觉。比如洗完澡后抚触宝宝的皮肤，每次 5~10 分钟即可，一定要注意轻柔和温暖；给婴儿换尿布时，也可以轻轻抚摸。

当孩子逐渐长大，感觉系统发育完善，我们就需要培养孩子良好的习惯和自控力，以便拥有更好的专注力。

首先一个原则是"不打扰"。比如孩子正在玩自己喜欢的玩具或者看一本故事书，哪怕是蹲在路边观察野花野草，家长也不能以自己的理由去打断孩子。很多家长因为到吃饭时间了，或者家长自己有事要办就催促和生硬打断，因为一时的"急"，破坏了孩子的节奏，失去了孩子遵循自己的兴趣培养专注力最好的机会。

知道了这个原则，我们再来看一些具体的方法，专注力的训练有很多简单但是行之有效的方法，我们仅列举其中几项。

萝卜蹲。家长和孩子分别为自己起一个蔬菜或者水果的名字，比如爸爸是苹果，妈妈是橘子，孩子是西瓜，游戏中只能称呼这些代号。游戏开始，爸爸先说"苹果蹲，苹果蹲，苹果蹲完，橘子蹲"，边说边做蹲起的动作。这时候"橘子"就要接过来说"橘子蹲，橘子蹲，橘子蹲完西瓜蹲"。依此类推，节奏逐渐加快。中间如果有人叫错代号或者停顿时间太长则失败。

这个游戏需要调动起人的各种感官和肢体，因此能让注意力高度集中，同时也锻炼了思维反应能力。

找数字。比如家长给出任意一串无规律的数字，20 个左右，里面肯定会包含重复出现的数字。这时，家长可以给孩子指令：找出所有的 3，并在下面画上横线。或者找出相邻数字相加等于 10 的数字等。同理，也可以找字母，还可以在一幅杂乱无章、堆满各种物品的画里找出特定的某一个物品，比如在这幅画里找出一个粉色的三角形，或者找出一个戴着蓝色帽子的小矮人。这样的游戏不但培养专注力，还可以学到知识，寓教于乐。

看钟表。原理类似我们玩的"木头人"。家长和孩子比赛看着钟表保持不动，等秒针转动一圈或者两圈才可以动，并且抢到指定的物品，然后进行下一局继续保持不动。这个游戏同样也可以使孩子高度集中注意力，并且能够认识钟表，培养时间观念。

舒尔特方格。这是目前用于培养飞行员和宇航员注意力的最科学有效的方法。标准的舒尔特方格是在一张方形卡片上，画上 1cm × 1cm 的 25 个方格，格子内任意填写上"1、2……25"的阿拉伯数字（如下图）。训练时，要求孩子用手指按 1~25 的数字顺序依次指出其位置，同时诵读出声，并记录下完成所用的时间。数完所有数字用时越短，注意力水平就越高。

23	6	10	25	17
12	15	1	5	24
18	19	11	7	8
22	3	2	14	9
13	20	16	4	21

以下是各年龄段的注意力得分参考。

	优秀	中等	较差
5~7 岁	30 秒以内	46 秒以内	55 秒
7~12 岁	26 秒以内	42 秒以内	50 秒
13~17 岁	16 秒以内	26 秒以内	36 秒
18 岁及以上	8 秒以内	20 秒以内	20 秒以上

舒尔特方格通过动态的练习锻炼视神经末梢，练习越多，所需时间就会越短。由于在数数字的时候注意力需要极度集中，把这短暂的高强度注意力集中反复训练，大脑的专注力就会不断被巩固、提高，注意力水平就会越来越高。

✦ 记忆能力：记忆力不是死记硬背的能力

大脑原理

20世纪30年代一位名叫潘菲尔德的神经外科医生在为患者做治疗癫痫的脑部手术时，发现用电极刺激大脑皮层的不同部位会引起身体不同位置的反应，这使他意识到大脑皮层与人身体之间的对应关系，于是便诞生了"潘菲尔德脑地图"。

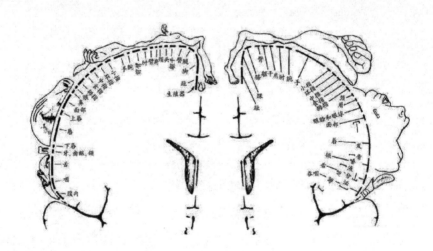

在图中我们可以看到大脑的每个区域控制的身体部位，比如我们可以直观地看到手和脸在大脑皮质中占的面积很大，这说明手和面部感觉的重要性。这一结果使人们对于大脑的工作原理和外界刺激对于大脑的影响有了初步认识。

假如把我们的大脑比喻成一台电脑，那我们就可以看到并了解大脑的记忆原理。

电脑需要输入信息，然后存到相应的磁盘，等需要的时候再从相应位置调出打开。也就是需要经过信息获取、编码、存储、提取的过程。

大脑也是一样。我们的大脑获取信息主要靠外部或内部刺激给予的感知力，内部感觉有运动觉、平衡觉和内脏觉等，外部感觉是通过视觉、听觉、触觉、嗅觉和味觉，也就是看、听、摸、闻、尝等。如果缺失某些获取信息的器官，那么我们就不能全面地接收外界信息，如盲人无法通过视觉获取信息，就无法描绘颜色；聋人无法通过听觉获取信息，就无法说话；患有痛觉缺失症的人，感觉不到疼痛，就会受内伤而不觉察，导致感染，病情加重。

即便感觉器官健康，也有其他因素影响我们的信息获取，比如我们上一节讲到的注意力。集中注意力的孩子在上课和写作业时就能比不集中注意力的孩子获得更多的信息量。所以想要提升记忆力，注意力也是关键因素。

大脑接收到外界信息后就开始编码和存储。编码主要是为了方便检索和提取。

我们知道大脑分为左、右两个半球，左脑负责语言、文字、逻辑和分析等功能，右脑负责图像、声音、想象力和创造力等。而位于中间负责连接左右脑的结构叫作胼胝体，胼胝体是联络左右大脑半球的纤维构成的纤维束板，它的主要功能是将大脑左右半球对应部位联系起来，使大脑在功能上形成一个整体。那记忆是如何被储存的呢？

当大脑接收到外界刺激后，会通过脑干传递至丘脑，丘脑再将各种感觉信息传送到脑的各个部位，这些信息经过额前叶，储存为短时记忆，海马组织将短时记忆转化成长时记忆，再分门别类传递到大脑的其他区域，如与情感相关的记忆储存在杏仁核，与色彩相关的记忆储存在枕叶。

记忆的分类

了解了大脑的记忆原理，我们来看记忆的分类。

从记忆时长来区分有：感觉记忆、短时记忆、长时记忆。

感觉记忆维持时间非常短暂，通常以秒或者毫秒计算，比如坐火车时窗外不断变换的景物。

短时记忆是指能够维持几秒到几分钟的记忆，例如暂时记住一个人的电话号码。

长时记忆是按照天或者年来计量，比如我们还能记起小学时候某一次丢脸的事情。

长时记忆又因为所存储的信息不同而被分为陈述性记忆和非陈述性记忆。陈述性记忆又分为语义记忆（例如各种事实：蝙蝠是哺乳动物，北京是中国的首都）和情景记忆（我今天中午去超市买了一包零食等）。两者相比，情景记忆提取信息更慢也更容易受到干扰。

非陈述性记忆又分为程序记忆（穿衣服、开车、弹琴）、启动效应（比如曾经被狗咬过，再看见狗就会想起被咬经历）、联合型学习（条件反射）和非联合型学习。

根据记忆的内容和经验对象变化可以分为：形象记忆型、抽象记忆型、情绪记忆型和动作记忆型。

按心理活动是否带有目的性可以将记忆分为有意记忆和无意记忆。

既然都是记忆我们为什么要分类呢？因为他们在编码、存储和提取上涉及的是大脑不同的神经机制。简单说一点：不同类型的记忆存储的位置是不同的。

日常生活中的穿衣服、开车、弹琴都属于程序性记忆，存储在纹状体、运动皮层、小脑及它们之间形成的神经网络中，条件反射等联合型学习被认为存储在小脑、杏仁核和海马体中。

艾宾浩斯遗忘曲线

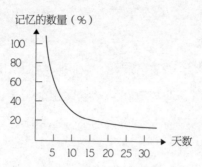

记忆的数量（%）

艾宾浩斯是德国的著名心理学家，1885 年绘制了著名的艾宾浩斯遗忘曲线，该曲线对人类记忆认知的研究产生了重大影响。

艾宾浩斯遗忘曲线揭示了遗忘规律：人们在学习中的遗忘是有规律的，遗忘的进程不是均衡的，不是固定的一天丢掉几个，而是在记忆最初阶段遗忘得最快，后来逐渐减慢，到了一定的时间，几乎就不再遗忘了。观察这条曲线就会发现，学习完新的知识如果没有任何复习，知识在我们大脑中形成的只是短时记忆，一天后，我们的记忆只剩下原来的25%。

但是如果学习了新的知识过不久就进行复习，这些短时记忆就会成为长时记忆，长期在大脑中保存。这里有一个实验数据。让两组学生同时学习一段课文，甲组在学习后不久便进行复习，而乙组不复习，一天后对他们记忆的课文进行测试，甲组能保持 98% 而乙组只保持 56%；一周后甲组保持83%，而乙组保持 33%。

这就告诉了我们复习的重要性，将短时记忆变为长时记忆很重要的方法就是及时复习。同时艾宾浩斯还发现遗忘的进程还受除了时间因素以外的其他因素影响，比如人们最先遗忘的是没有重要意义的、不感兴趣的、不需要的、不熟悉的。

艾宾浩斯还在实验中发现了影响记忆速度的因素。人们记住 12 个无意义的音节，平均需要重复 16.5 次，记住 36 个无意义音节需要重复 54 次；而记

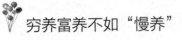

住 480 个音节（六首诗），平均只需要重复 8 次。

这个实验告诉我们，有意义的、被理解的知识能够记得更加快速，所以死记硬背无法提升记忆力，只会事倍功半。

提升记忆力的方法

加拿大蒙特利尔大学科学家发现，大脑具有惊人的可塑性，正常情况下与眼睛相连的视觉信息处理与空间感知脑区也能与声音信息形成重新连接，在现实中的例子就是一些盲人眼睛看不到，但是听力异于常人，更加敏锐和发达，就是这个原因。

既然大脑拥有如此强大的可塑性，那么我们的记忆力通过训练也是可以提升的。

这里有一个原则就是必须要保证训练的注意力集中。

我们的大脑设计上并没有同时处理两件事的功能。即使我们觉得可以同时处理两件事或者几件事，也是一种错觉。因为一条神经回路打开，一条神经回路就会被暂时中断，有研究表明驾驶过程中打电话会提升 29% 的事故发生率，但即使使用耳机或者免提，事故发生率也和用手持打电话差不多，就说明了这个原理，驾驶时接打电话，并不是因为一只手被占用，而是因为大脑在进行多任务处理。

所以对于学习和训练记忆力来讲，保持注意力是首要的。

儿童提升短时记忆力的方法

想要提升短时记忆我们先要了解短时记忆力对我们工作和学习的重要性。

学生上课边听边记笔记、同声传译等都离不开短时记忆。再例如在自动化控制系统中，人们需要按仪表显示的数据进行操作和控制，因此必须记住仪表显示的数据，操作之后没有保存数据的必要，则被迅速忘记，记住数据就是短时记忆。

1. 说反话

这个游戏有不同的玩法和难度，首先我们看最简单的，家长可以随机说出几个数字，注意三个数字之间不要有顺序规律。然后让孩子反着说一遍，比如家长说3、8、6，孩子就要说6、8、3。当三个数字已经没有难度的时候就可以再增加数字或者换成其他的内容，比如换成动物名称或者一句简短的话"我爱宝宝"。这样的游戏可以提升孩子的专注力，可以扩充短时空间记忆。

2. 看看你能记住几个

这个游戏的目的是训练孩子的短时记忆容量。

首先父母准备4个常见物品，可以是玩具或者生活日用品，先将这4个物品用布盖好，准备好后就要迅速揭开盖布，再迅速盖好，中间间隔不要超过4秒，然后让孩子回答看到了哪些物品。经过训练可以逐步增加物品数量，如果孩子记不住，也可以减少数量，以免因为答不上来打击孩子的积极性。

这个训练多做会明显提升孩子短时记忆能力。

另外我们也可以做空间位置记忆的训练。空间位置记忆是人对空间方位知觉能力的短时记忆。

具体的方法有图片训练法。家长可以先准备两张图片，每张图片都画有6个植物，不同的是其中一张植物有3朵开花了，而另一张则没有。家长需要把第一张开花的图片给孩子看三秒钟然后拿走，随后拿出第二张图片，让孩子说出开花的是哪三棵植物。随着孩子空间位置记忆的增强可以逐步增加参照物的数量，比如从8个当中找4个、从10个当中找5个等。

对于空间位置记忆的训练我们还可以利用日常当中的很多机会，比如父母带孩子到一个全新的环境，可以让孩子先观察周边几秒钟，然后闭上眼睛说出周围都有些什么建筑、什么标志或者什么植物等。这样的训练适合6岁以上的孩子。

空间位置记忆对于我们的学习和生活很重要。因为空间位置记忆包含两个重要内容，分别是"是什么"和"在哪里"。处理这两个信息需要大脑两个不同功能的联结，通过训练空间位置记忆，可以增强联结提高大脑处理信息的速度。

转化短时记忆

学习是获取新知识和新技能的过程，而记忆则是对所获取信息的保存和读取过程，而我们希望获得的学习记忆效果是将短时记忆转化为长时记忆。

现代科学研究认为，短时记忆是感觉记忆与长时记忆之间的缓冲，获取的信息进入长时记忆需要一定的时间，在未进入之前，被感觉记忆登记的信息先在短时记忆中存储，需要通过复述再转入长时记忆。

如何才能将短时记忆转化成长时记忆呢？短时记忆的存储是通过电信号和化学信号，而长时记忆则需要蛋白质的参与，这意味着大脑从物理结构上发生了改变。我们知道肌肉增长的原理，是原来的肌肉纤维撕裂后在恢复时会生成新的纤维，只有长时间的反复锻炼才能增加肌肉的比例。短时记忆转化为长时记忆类似于我们锻炼，所以当我们不断重复调取短时记忆时，大脑就会生成新的神经元，回路不断强化。

我们前面讲到了艾宾浩斯的遗忘曲线，我们知道了遗忘的规律就可以对其加以利用，提高我们的学习效率，提升记忆力。

首先，复习是非常必要的，而且必须是及时复习。学习完的知识我们要在当天及时复习，这里可以尝试用回忆法，比如我们在背诵课文或者古诗的时候，先诵读几遍，然后尝试合上书回忆，当出现记忆模糊的地方便立即打开书对照，或者在一段时间后用回忆法再来对照原文可以更明显发现自己容易遗忘的点。心理研究表明，回忆法比单纯的反复识记记忆效果好，因为我们在回忆知识时，情绪更加积极，注意力更加集中。

其次，对于知识的透彻理解更有助于我们的记忆，使我们记得快还能记得牢，这里推荐一种经典的学习方法——费曼学习法。

费曼学习法源自诺贝尔物理学奖获得者理查德·费曼。费曼学习法的目的和结果是可以确保人们对事物的理解更加透彻。总体可以分为四步来操作。

首先，想象自己要把知识教给一个小孩子，当你自始至终都要用孩子可以理解的语言来解释清楚，就会避免一些复杂词汇和行话来掩盖其实自己也不明白的地方。你可以简化观点之间的关系和联系就会清楚地知道自己哪里还有不明白的地方。

其次，在讲解过程中你会忘记重要的点或者不能将重要的概念联系起来，你会发现自己知识的局限，这时候就需要回到原始材料，重新学习，直到可以用简单的话语将之前不会解释的地方表述清楚。

再次，需要检查自己的语言足够简化，并且没有从原材料照搬任何话。

最后，就需要把这个知识讲述给一个孩子。检测知识最终的途径是你是否有能力把它传播给另一个人。

这种方法会让我们对于知识有更为深入的理解，当我们对知识的理解更为透彻时，自然记得更久更牢。

✦ 控制能力：养一个从不无理取闹的孩子

"我儿子小雨明明自己会刷牙，从幼儿园小班就已经学会了，大部分时间也能自己刷牙，但一个星期总有那么两三天，孩子哭着闹着死活不肯自己刷牙，还让我们给他刷。尤其在早上时间紧张的时候，简直乱成一团，不给他刷就一直闹腾，太能作了，吵得我头都大了，有时候真想揍他两下。"

当家长发现孩子太过无理取闹、太能作的时候，这其实是孩子的控制能力不够的表现。家长们总是希望自己的孩子能够满足我们的"绝对化要求"，也就是说孩子"完全自控，不能懈怠"，不能出错、不能退步，最好是一说就改，再也不犯。当然这对于孩子来说太难了，但是减少犯错的次数这点通过家长训练，孩子还是能够达到的。

日常生活中时时刻刻都需要控制能力，比如孩子刷牙洗澡、饭前洗手等生活习惯，不动手动脚、用嘴巴说出来等社交习惯，上课不随便说话、到家之后先写作业然后再玩等学习习惯，这些事情都需要孩子的自我控制能力。

自我控制能力就是指通过自我调节，改变自己的行为，让别人和自己都满意的能力。它之所以难，就是因为很多时候，我们即使知道我们应该怎么做，甚至是我们已经做到了，但这也并不意味着我们可以一直心甘情愿地去做这件事情，更不意味着我们以后不会懈怠。对于成年人来说都这么难，对孩子来说会更难。

很多时候孩子做不好，不是孩子不想做好，也不是态度有问题，只是他们的控制能力有问题。发展心理学中，将儿童的自我控制程度分为三种：

第一种：自控过低。

这个阶段孩子的自控能力较差，容易分心，也容易冲动，无法延迟满足自己，想要的必须立刻满足，否则就会像上面事例中的小雨一样，又哭又闹。

第二种：过度自控。

这个阶段的孩子大多不直接表达自己的需求和情绪，比较没有主见，常常过度延迟自己的满足。在学校和家里较少惹麻烦，通常容易被家长和老师忽视，容易出现焦虑、紧张等情绪。

第三种：自控能力最适宜。

这类孩子通常被称为“弹性儿童”，家长对于他们“管得住，放得开”。自控能力最合适的孩子，能随着环境的变化调节自己的控制程度，在有需要控制自己的时候，能够管住自己，在不需要控制自己的时候，就能够及时地放松自己，也就是我们常说的“既会学，又会玩”的孩子。

比起第三种能够控制自如的孩子，前两种自我控制的孩子是我们生活中最常见的，尤其是第一种自控能力过低的孩子。你的孩子的自控能力又如何呢？如果无法判断，家长可以这样测试一下：

如果孩子想要吃巧克力，家长就可以跟孩子进行商量，有两个选项可以供他选择。

第一个，今天不吃，明天可以吃两个。

第二个，今天吃一个，但是明天就没有巧克力可以吃了。

家长让孩子做出选择，一般自控能力好一点的孩子都会选择第一个选项，因为虽然延迟了自我满足，稍后却可以得到两个巧克力。通过这种方式家长就可以很容易判断孩子的自控能力如何了。

现实生活中，如果孩子缺乏自控能力会带来哪些危害呢？

首先，孩子缺乏自控能力，如果无法及时满足他的要求，就会容易急躁、发脾气，甚至变得沮丧。

其次，孩子缺乏自控能力，那么就很难遵守规则，更难以融入集体中。由于控制能力匮乏，容易受别人的影响，无法坚定自己的想法，对于人际交往方面的控制力也会非常弱。

最后，孩子缺乏自控能力，就没有办法控制自己的欲望，无法忍受长时间的等待，对生活和学习的控制能力非常弱，想要实现长期目标也会非常难。

科学研究证明自控能力好能给孩子的未来带来更好的生活质量，而缺乏自控力的孩子在人际交往、社会生活、情绪管理等方面都会缺乏竞争力，对未来的生活、工作都有很大的影响。

自我控制能力是天生的，它来自大脑前额叶皮质，是由大脑中的生物能量决定的。这样很多的家长就会产生疑问，那我孩子的自控能力难道就没救了吗？当然不是，大脑前额叶皮质是一种类似"肌肉模型"的物质，就像我们可以锻炼我们的肌肉一样，也是可以锻炼的。也就是说，自控能力的先天不足，可以通过后天的努力、针对性的训练补足。

那么家长该怎样帮助孩子，培养他们的控制能力呢？

心理学家一般将控制能力分为两个方面，分别为控制自己的情绪和控制自己的行为。

周末的时候，妈妈和4岁的君君一起在家休息。君君一个人专心致志地玩着积木，一会儿把积木搭成高楼，又一会儿把积木摆成长龙，玩得可开心了。看着他沉浸在自己的世界里，妈妈放心地走到一边，准备做些事情。可谁知还不到十分钟，妈妈就听到君君"哇"的一声哭了出来。

妈妈赶紧跑过来，安慰君君，仔细一问，原来是因为君君想要搭一个城堡，但是怎么也搭不好，一时着急就哭了起来。

听了理由的妈妈哭笑不得："城堡没搭好，君君觉得很伤心对吗？"君君闷闷不乐地点头。

"这是很正常的事情啊，妈妈有时候遇到问题解决不了也会感觉很难过的。但是我们可以想办法解决它，对不对？"

"你可以找妈妈来帮忙，或者等爸爸下班回来，让爸爸给你出主意，看怎么样才能搭出好看的城堡。"

君君明白地点点头，随后在妈妈的帮助下，搭好了城堡。看着好看的城堡，君君开心地笑了。

问清原因，教会孩子解决问题

有时候孩子遇到问题不能马上解决，就会发脾气，不能控制自己的情绪，遇到这种情况，家长首先不要责骂孩子，要先弄清楚孩子情绪失控的原因是什么，然后再帮孩子解决问题。这样在家长的引导下，孩子学会如何去解决问题、想办法，而不是用哭闹、发脾气的方式，任由坏情绪继续蔓延，慢慢地孩子就会逐渐控制自己的情绪了。

延迟满足，转移孩子的注意力

当家长面对孩子的某种要求的时候，可以尝试先不着急拒绝或者满足孩子，让孩子等一等，用别的事情或者玩具转移孩子的注意力，通过延迟满足的方法，有意识地培养孩子的控制能力。

遵守承诺，加深孩子的信任

家长常会在孩子哭闹或者没办法的时候给孩子画一张"空头支票"，事后再转移孩子的注意力，让孩子忘记这件事。家长以为这样哄一哄，孩子很快就会忘记了，但是事实上，家长的一次次食言，让孩子对家长的信任感一点点瓦解，甚至对孩子的自控能力产生了负面的影响，久而久之家长的这种"空头支票"就不再管用了。因此如果家长答应孩子某件事情，即便事情再小也一定要遵守承诺，让孩子产生信任感，这样在家长言传身教、潜移默化的影响之中，孩子也会开始学会自控，变得越来越优秀。

养成良好习惯，让孩子开始做计划

孩子就是一张白纸，家长怎么教育就会呈现出什么样的作品，聪明的家长都会鼓励孩子做计划，养成良好的习惯。当孩子学会做计划，并且每天严格遵守的时候，孩子的自控能力就在逐渐加强，即便是想要做一些计划以外的事情，也会有意识地进行控制。一般计划能力强的孩子，自控能力也会比较强。

父母是孩子的第一任老师，也是孩子最亲密的人，孩子会成长为什么样的人，也都和家长的教育有关。越早培养孩子的自控能力，越能让孩子在未来的社会竞争中脱颖而出，不要让孩子的"无理取闹"毁了他自己的未来！

✦ 社交能力：和孩子谈情商还太早

我们先来了解一下不同年龄段的孩子社交能力的发展。

第一个阶段　自娱自乐

这个阶段出现在1岁以前。1岁以内的孩子喜欢独自玩耍，喜欢长时间反复玩一个玩具，或者长时间盯着一个东西，即便不是玩具，随便一个日常用品甚至是自己的手指也都可以玩很长时间，并且乐在其中。这并不代表孩子不爱与人玩耍和交往，也不是独立的表现，而是因为这时期的孩子还并不懂与他人合作和社交，他们还在自我确认阶段，确认自己的身体部位，确认自己的爸爸妈妈，确认自己生活的周围环境。

所以这一阶段的孩子没什么社交需求，也没什么社交必要，更提不上培养什么社交能力，家长只需要让孩子顺其自然地发展和探索就可以。反而有时候因为某些家长不懂得孩子的发展阶段而操之过急，会适得其反，破坏孩子心底的安全感。

第二阶段　萌芽阶段

1岁至2岁的孩子处于早期社交能力的萌芽期。这一时期的孩子开始觉察到其他同年龄段的孩子，并会表现出和同龄人接近的意愿。但是这一时期的孩子多是以自我为中心，并不懂得如何与同伴进行交流和相处。

所以对于萌芽期的孩子，家长可以多带孩子出去，并且和同龄的小朋友多接触，即便孩子之间会发生争抢玩具的现象，家长也不要担心和过分干预，一是因为这一阶段的孩子的争抢并不是有意的欺负或者强势，他们只是还分不清"你的、我的"；二是因为这样的争抢并不是坏事，反倒正是孩子在实际的相处和磨合中提升社交能力的好机会。反之家长如果因为觉得这一时期的孩子开始变得不像1岁前那样"听话"，出于担心和其他孩子发生冲突而减少孩子与同龄人的接触，则会妨碍孩子社交能力的发展。因为每个阶段有每个阶段的发展特点，错过了这一阶段的发展，就无法倒回弥补了。

第三阶段　过渡期

经过了萌芽期，2岁至3岁的孩子会逐渐自然寻找同龄人玩耍，这一时期多数时候还是自己玩自己的，但是孩子之间会相互模仿，比如一个孩子从台阶跳下，另一个也爬上台阶再跳下，一个小朋友去玩滑梯，一群小朋友都奔着滑梯跑去。但是他们又随时可能分别被其他事物所吸引，然后各自去玩各自的。

家长要做的就是在保证孩子安全的前提下，鼓励孩子去尽情玩耍和交朋友。在孩子遇到纷争时，先不要忙着判断对错，更不能呵斥或者威胁，因为这会打击孩子社交的自信心，家长应该尽量不干涉孩子的游戏内容，就算有矛盾冲突也都是无伤大雅的，家长需要带着尊重的态度问明事情的缘由，然后给出合理的建议，目的是安抚孩子的情绪并且保护孩子的自尊与自信心。

第四阶段　合作期

经过了萌芽期和过渡期，4岁至6岁的孩子在社交过程中逐渐发展出了"团队"和"合作"的概念。这一时期的孩子有了明显的社交需求，会在同龄人中发展出好朋友，也会在和其他朋友一起玩耍时，懂得合作而共同完成一个目标。

家长可以在这一时期培养孩子的表达能力、沟通能力和倾听习惯，比如可以让孩子在家庭中参与分工和合作，或者家人配合孩子共同完成一件事，分工和合作是相对复杂的思维活动，可以有效锻炼孩子的以上能力。

　　了解孩子的社交发展阶段和各个阶段的发展程度与特点，是培养社交能力的第一步，在孩子社交的必要性和主动性显现出来后，家长就需要考虑社交能力的培养，在那之前我们先来看影响孩子社交能力的因素和受欢迎的社交素质都有哪些呢？

　　影响孩子社交的因素除却特殊的极个别先天因素（生理或者心理缺陷），其他影响因素基本来自家庭和社会大环境。

　　一、家庭因素

　　1.以自我为中心

　　熙熙是个 5 岁的小女孩，平时在家里爷爷奶奶、爸爸妈妈甚至外公外婆都拿她当小公主一样宠着，什么事情都以熙熙的想法为主，熙熙想要什么也没人说个不字，都是主动送到熙熙的面前。这导致熙熙在幼儿园也非常自我，想要做什么就直接做，和小朋友玩耍也不懂得谦让和先来后到。一次熙熙想要玩另一个小朋友手中的玩具，便直接就抢，另一个小朋友也不甘示弱，动手打了熙熙，熙熙躺在地上大哭。为此熙熙的家长还找了学校和对方家长，最终闹得不欢而散。

　　我们可以看到，熙熙就是典型的以自我为中心的孩子。这样的孩子多是家里家长娇惯，父母担心孩子受委屈，处处保护，结果孩子变成了温室里的花朵，也变成了不受他人欢迎的"小霸王"。孩子习惯了说一不二，以至于脱离了家长，脱离了百依百顺的氛围，到了除家以外的地方就会严重受挫，自尊心受打击，家长想要自己的孩子一点委屈都不受，结果却会导致孩子更严重的受伤。

2.不会表达

安安已经上幼儿园大班了，可是似乎还是不习惯幼儿园的环境，平时户外活动总爱一个人在角落里玩，远远地看着大家，集体活动也总是躲到最后，大家都不喜欢和安安在一起，觉得和他在一起玩"没意思"。可是放学后的安安如果剩下自己在教室就会活蹦乱跳，自己一个人的环境让他更自由、更放松。

鉴于安安的表现，老师找到了安安妈妈进行沟通了解到，原来在安安不到2岁时候，安安的爸爸妈妈都因为工作忙，没有时间带安安，于是就请老家的奶奶来照顾安安。奶奶因为不熟悉环境，又担心自己看不住安安，于是就很少带安安下楼，整天在楼上家里玩，爸爸妈妈回到家既没有时间也没有精力带安安出去，长此以往安安习惯了自己和自己玩，想要加入别的小朋友既没有勇气也不知道怎么表达。

安安的表现说明他是一个想要尽情玩耍却不知道如何和小朋友一起玩耍的孩子。现在的家庭独生子女的情况占大多数，孩子在家里本身缺少玩伴，等到社交的萌芽期出现，如果家长总是让孩子单独玩耍，没有为孩子创建社交环境，那就会错失孩子学习和发展社交能力的时机。没有萌芽期的基础和铺垫，孩子可能需要更多的时间去学习如何和同龄人接触和合作。

3.缺乏沟通

现在的父母普遍重视教育，害怕孩子输在起跑线上，但这是一把双刃剑。想法是好的，但实施起来往往造成孩子的负担过重，从小开始各种技能班特长班安排上，上了学课外补习更是必不可少。孩子周一到周五忙于学业，周末也是满满当当，孩子没有多少属于自己的时间，和同龄人甚至父母都缺乏充分的沟通，缺乏与他人相处的机会，便难以形成成熟的社交经验。

二、社会环境因素

随着科技的发展和社会的进步，孩子的社交意愿和社交方式也悄然发生着改变。原来的孩子都喜欢和同龄人一起玩各种游戏：跳房子、跳皮筋、丢手绢、抓石子……没有精美的玩具，都是就地取材也能玩得不亦乐乎。而且这些游戏都是团体的游戏，孩子玩着玩着就学会了规则和合作。现在的孩子从出生身边就是各种电子产品，播放的是无穷无尽的视频和动画，社交的方式和范围也从线下变成了线上，从面对面交流变成了电话和微信。休闲放松的方式也变得更加个人化，宁可选择自己在家玩游戏、看电脑也不愿去广场上打会儿球，过度依赖虚拟化的交流会导致越来越不适应面对面的沟通和社交。

我们看到了影响社交的因素也就知道了受欢迎的社交特质都有什么：友善、自信、情绪稳定、良好的沟通和表达能力、善于合作等。如何让孩子拥有这些特质从而在社交活动中感受到快乐和获得益处呢？

我们就以前面案例来看：

对于以自我为中心的孩子，家长首先要让孩子以一个客观观察者的身份来看待这些行为。

比如孩子爱抢别人玩具、爱打人，或者达不到目的就哭闹耍赖等，家长可以找一些能够反映类似问题场景的视频或者绘本，然后和孩子一起看，适时讲解，最后让孩子来说解决方案，这时家长就可以帮助孩子分析每种解决方案可能造成的后果，目的是让孩子认识到人际交往的目标应该是达到双赢，使双方都能得到自己想要的，而不是只满足自己单方面的需求。

而对于因为自卑、胆小或者不知怎么与人相处的孩子，家长的首要目标是帮孩子建立自信。

家长要多带孩子出去和同龄人接触，哪怕只是在一旁观察，相信孩子的学习能力是非常强的，孩子会观察到别的孩子是怎么交往和合作的，遇到问题是怎么解决的，受欢迎的孩子所表现出的言行举止是什么样的，家长也可以以平等的姿态与孩子共同探讨。

其次，在孩子流露出想要和其他孩子交往的一点意愿时，鼓励孩子参与到同龄人的游戏中去，让孩子模仿他之前观察到的受欢迎的孩子的言行。孩子获得一点进步和心得就及时赞扬，如果遇到挫折也在所难免，家长摆正心态，不要急于求成，要把这样的训练当作常态化的活动来进行。

其实这些方法都是一些辅助，最重要的其实是家长本身的观念和意识需要转变。

从根本上来说，家长应该意识到自己和家庭的问题并以身作则做出改变，家长想要孩子学会友善，就不要在孩子面前抱怨；家长想要孩子自信，就要懂得欣赏孩子身上的闪光点；家长想要孩子情绪稳定，就要让自己心平气和；家长想要孩子多出去活动，就要先放下自己手里的手机。

虽然家长不能改变社会的大环境，但是家长可以创造家庭的小环境，山不过来家长就过去。父母是孩子的第一任老师，原生家庭的影响将伴随孩子的一生，父母虽然不是生来就会当父母，但是既然为人父母，就要担负起这甜蜜的责任，让我们放下执念怀抱感恩和孩子一起学习、一起成长！

第六章

习惯养成：幸福的孩子，
好习惯是怎么"慢养"出来的

　　每个人都有这样或那样的习惯，孩子也不例外，好习惯会成就孩子的一生，坏习惯则会成为孩子前进的阻碍。从小到大，人的习惯是怎样养成的？研究习惯对于教育孩子有怎样的帮助？父母应该怎样去帮孩子养成良好的习惯？

✦ 正确的赞美教育应该赞美孩子什么?

在开始本章的内容之前,让我们先来看一下这样三个场景:

情景1

3岁的朵朵终于用新买的积木搭出了歪歪扭扭的楼房,兴奋地第一时间和妈妈分享时,妈妈从家务中回过头:"宝贝真是太厉害了!"

情景2

6岁的辰辰听到妈妈对爸爸说:"用完的洗漱用品放回原位啊!"立刻跑去跟妈妈说:"妈妈,你看我的,我都放回去了呢。"妈妈欣慰道:"还是我儿子最懂事!"

情景3

8岁的珊珊放学回到家,兴奋地跑向妈妈:"妈妈,我这次测验考了100分!"妈妈看了成绩单,非常高兴:"我女儿是最棒的!晚上加鸡腿!"

对于上面的场景,妈妈们再熟悉不过,当孩子新学会一项技能或者取得好的成绩时,哪个妈妈都会下意识地说出那句:"你真棒!""你最强!"

我们尊崇鼓励至上的育儿理念，相信赞美的力量，坚信"好孩子都是夸出来的"，对孩子最大的肯定就是，无论何时何事何地，只要他做得好就夸他夸他使劲夸他！看着听到夸赞的孩子露出灿烂的笑脸，我们也沉醉于自我感动和自我欣慰中……

等等，不要被表面现象所迷惑，我们不妨先冷静下来，考虑一下：这样的夸赞有没有问题？这真的是正确的赞美吗，还是只是敷衍泛泛的美化？

现在，同样的场景让我们重新来过，来换一种表达。

情景1

3岁的朵朵终于用新买的积木搭出了歪歪扭扭的楼房，兴奋地第一时间和妈妈分享时，妈妈从家务中回过头："这个楼房搭得可真高真漂亮啊，你一定是非常小心非常努力才做到的吧！"

情景2

6岁的辰辰听到妈妈对爸爸说："用完的洗漱用品放回原位啊！"立刻跑去跟妈妈说："妈妈，你看我的，我都放回去了呢。"妈妈欣慰道："你这样做妈妈真的很感动，谢谢你对妈妈的理解和支持！"

情景3

8岁的珊珊放学回到家，兴奋地跑向妈妈："妈妈，我这次测验考了100分！"妈妈看了成绩单，显得非常高兴："一定因为你每天都认真完成作业，并且及时改正和总结错题，这是对你努力学习的回报，这100分是你应得的！"

读者是否发现，场景相同赞美的指向完全不同，前者都是赞美做事的人，后者都是赞美行为，而后者才是赞美的正确打开方式。

为什么说后者才是正确的赞美呢？我们先看第一场三个场景中的赞美方式，全部没有清晰的评价标准，所有的事都可以用一句"真好，真棒"来总结夸奖。什么好？哪里棒？因此这种赞美表达的只是对这个人的认可，与你做了什么事没关系，只针对完成了的结果，且家长是用居高临下的姿态说着评价式的语言。

这种赞美往往会让孩子在意别人怎么评价，当得到别人认可时，才觉得自己是有价值的。这有可能会使孩子变成"讨好者"或"总是寻求别人认可的人"。也就是说，就赞美即时的反馈来看，这种赞美方式会提升孩子的积极性，但是长期的结果是会让孩子依赖赞美。

但赞美教育没有错，错的只是方式，我们只需换一种表达，问题就会迎刃而解。我们来看第二场中的赞美方式。

首先，是一事一赞美，并明确了是行为好。其次，这种赞美是对行为的肯定，认可过程和付出的努力，并且是以尊重欣赏的口吻说出真诚的话语。

这样的赞美会使孩子觉得自己是被尊重的，是因为自己的努力获得成就，从而获得满足感和责任感，觉得自己有价值，无须他人认可，充满自尊与自信。

如果说第一种是形式赞美，那么第二种就是真正的赞美。

就即时效果来看二者并没有什么太大区别，正因如此才使很多人忽略了他们的长期影响力。但这两种不同的赞美会导致孩子慢慢养成不同的习惯，走向完全不同的人生。

所以选择怎样的赞美，相信各位读者心中已经有了答案。那么，应该怎样去做呢？

首先，我们要明白我们不正确的赞美方式的原因是什么？

是因为快：张口就来，不用思考且能快速收到效果；是因为爽：居高临下的点评满足了潜意识中的家长权威。我们总是倾向于下意识的轻松，一句习惯性的夸奖，家长毫不费力，孩子喜笑颜开，何乐而不为呢？

而且，我们错误地认为这样的赞美也能够给予孩子自尊和自信。但其实自尊既不能被给予也不能被接受，自尊是慢慢培养出来的，是来源于每次解决问题和从错误中学习时，逐渐累积的自信和能力感。

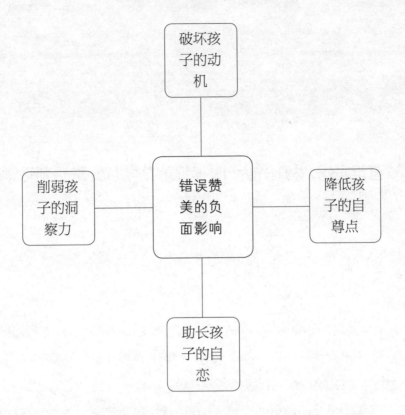

了解了原因，我们便可以试着去改变了。

首先，我们要转变观念，由重视赞美的当下反馈转为重视赞美的长期结果。其次，我们刻意练习，改掉一切求快的习惯。下意识的"你真棒"要脱口而出之前，让自己慢下来，好好组织下语言，思考下怎么正确地赞美。最后，我们要尊重孩子。放下可怜的家长架子，认真地像对待朋友一样对待孩子，对孩子的行为和观点真正地感兴趣，发出正确的赞美，激励孩子的内心。

✦ "爸爸妈妈，太阳光为什么暖暖的？"从好奇心到爱学习

2009 年，美国加州理工大学的研究者康政文和柯林·卡麦尔利用核磁共振做了一个关于人类好奇心的实验。研究者设计了 40 个关于不同领域的问题，随后征集了 19 名志愿者，将这些问题发给每人一份。

这些问题的设计原则是要引起人们不同程度的好奇心，如"地球属于哪一个星系""什么样的乐器可以模仿人歌唱的声音"等。

志愿者被要求需要回答这些问题，不知道答案也可以猜测，然后研究者将所有答案写下，并且依据不同的程度将志愿者对这些问题的好奇度标注出来。接下来志愿者需要进入核磁共振的仪器，实验人员重新展示这 40 个问题并公布答案。

核磁共振的扫描结果揭示了好奇问题与大脑相关区域的联系。这些令人好奇的问题会引发大脑两边前额皮质的活跃，而这一区域活跃会开启大脑的奖励机制，从而给人带来快乐、满足、愉悦的感觉。

研究者还发现，大脑中负责学习、记忆、语言理解及创意的区域开始活跃的时候，正是正确答案被揭晓的时候。而这些区域最活跃的时候，是被试者知道自己答错的题目的正确答案的时候，而且这些经过犯错再被订正的答

案比其他答案更让被试者印象深刻，从而记得更牢固。

由此，研究人员得出结论，好奇会引发大脑开启奖励机制。对于知识的好奇会使大脑多个区域活跃起来，对于从未见过的新知识与新信息的渴望，会在大脑内引发一种奖励和回报的状态开启，而这种开启会带给人快乐和愉悦，这种好奇也被称为知识性好奇。

荷兰莱顿大学的认知科学家马瑞克·杰普玛做了一个实验。

研究者首先征集了 19 位志愿者，然后给他们看一些模糊的图像，这些图像非常模糊，几乎无法辨别到底是什么，但其实它们都是些身边常见的事物，像是乐器、交通工具等。

这些志愿者都表现出想要知道清晰的图像到底是什么的好奇，但是一开始研究者只给其中一部分人看清晰的图像，或者只给全部的人看其中一部分图像的清晰版。

这些被试者，始终有一部分好奇心未被满足，这种好奇被称作知觉性好奇。

研究者同样对被试者进行了核磁共振扫描。结果发现当被试者产生知觉性好奇时，大脑中感知不愉快情绪的区域开始活跃，这一区域被激活，会让人产生类似于饥渴或者被剥夺的感觉，从而产生负面情绪。

当研究者将全部的清晰图像公布，也就是所有被试者的知觉性好奇被满足时，他们大脑中负责愉悦的区域又被激活，产生饥渴被满足的感觉，类似吃了一顿美食的满足感。而且研究者还发现，当知觉性好奇被满足，还会加深人们的次要记忆。次要记忆指的是那些不用刻意记忆就能印在脑中的记忆。

由以上两个实验我们可以窥见好奇心与记忆和学习之间的一些关系。

首先是好奇心有知觉性好奇和知识性好奇之分，知觉性好奇一般出现在我们眼睛直接能看到的事物，但是并不知道是什么的情况下，这时候如果一直得不到答案，我们就会产生一些被剥夺的不好的感觉。如果得知答案，就会产生满足感。因此当有知觉性好奇产生时，我们尽快找到答案，就能获得心理上的满足，而且知觉性好奇会使我们的次要记忆增加，也就是说知觉性好奇得到的答案不用你特意去记忆，它就会留存在你脑海中了。

知识性好奇更是对于我们有益，当我们面对一些能够引起我们好奇的知识时，知识性好奇产生。与知觉性好奇不同的是，面对知识性好奇，不论你是否知道问题的答案，你的大脑负责学习、记忆、语言理解及创意的区域就开始活跃了，也就是说你的大脑已经开始思考和学习了。而且当你得到问题的答案时，大脑会立即开启自我奖励，让你身心愉悦。

不论是哪种好奇，当好奇心被满足时，大脑相关区域就会被激活，而这些区域都是负责给人提供积极情绪和带来愉悦体验的。

这对我们自身或者我们对孩子的好奇心的引导都能有所启发。

众所周知，孩子的好奇心旺盛，这一点父母定是深有感触。不仅对于周边的事物，对于他们从未尝试的事，都保有极大的探索热情，简直就是行走的十万个为什么。

但是面对孩子的好奇，如何应对回复和引导，却是令人头疼。

现代教育理念的普及，使我们知道了保护孩子天性的重要，一方面我们知道应该要呵护孩子的好奇心，但是另一方面我们又无法保证能完全满足孩子的好奇心。

有时是因为自顾不暇。父母背负工作和生活的压力，整日忙忙碌碌，但是孩子的好奇心是不分时间不分地点不分场合的，随时可能产生好奇，并立即向你提问。有时你在专心工作，有时你在忙碌家务，有时你在会客交谈或者放松追剧，并不是所有父母都能停下自己的事情，耐心给孩子解答疑惑的。

孩子的好奇心或许就在你的"等会儿""没看见我在忙吗"等推托中，渐渐冷落。孩子得不到回复，热情消退，大脑产生被剥夺或饥饿感，出现负面情绪。

有时是因为自身知识局限。成年的身体和大脑发展趋于成熟，除非有特殊情况，大多数人不会再有大量的知识增加和积累。虽说生活阅历和知识还会渐渐增加，但整体状态趋于稳定。孩子则不同，他们的大脑随着身体的成长在一刻不停地高速发展，对于各方面知识的渴望非常强烈，随着孩子对事物的认知加深，知识量的增加和积累，渐渐孩子提出的问题，父母已经不会回答了。3岁以前的问题家长轻松应对，学龄前的问题已经天马行空，等孩子再长大一些，父母就倍感压力，甚至相形见绌了。面对不会回答的问题，父母又羞于承认，只能搪塞或者干脆回避。

碰壁久了，孩子的热情受到打击，知识性的好奇得不到答案，大脑就不会产生愉悦快乐的感觉，渐渐不再对知识产生本能的好奇，自然也不再爱提问，湮灭学习兴趣，转而投向其他轻易能获取快乐的方面，如电子游戏等。

所以如何使孩子一直保有好奇心及将好奇心进一步引导为自我学习能力就显得尤为重要。

首先，及时回应。

低龄孩子产生的许多都是知觉性好奇，最常问的就是"这是什么"，父母知道了知觉性好奇背后的原理，面对知觉性好奇，一定要马上给予孩子答案，孩子获得答案产生满足感，并在不知不觉中将答案储存在大脑里了。

其次，共同学习。

学习是终生的事业。学习不光是孩子的事，也是成人面对的课题。学习不会随着你的毕业证书到手就宣告结束，我们要保有终身学习的理念。

当孩子向我们表现出知识性好奇时，如果我们知道答案，首先依然遵守第一个及时回应的原则，其次我们要保证答案的正确性。

如果是超出我们知识范围的，不要推托逃避，一开始也不能让孩子自己去寻找答案，因为他们不得方法，也有可能转头就被别的事情吸引，而忘记了这个知识性好奇。坦然承认，对孩子说不知道，是第一步，然后我们可以带着共同的知识性好奇去探求答案。如今社会信息高速发展，想要找到答案有很多的途径。

当孩子每一次知觉性好奇能得到及时满足，知识性好奇经过探索也能得到答案时，他的大脑就会开启奖励机制，孩子的积极性就被调动起来，学校

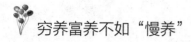

的学习也成为一种乐趣，更重要的是这种内在的驱动力会使孩子喜欢学习探索，找到正确的归属感和价值感，这样的孩子一定是内心充满幸福感的孩子。

有助于培养孩子好奇心的日常互动行为			
偶尔打破常规	创造惊喜	讲述开放式故事	互相问问题
为一件事做准备	鼓励他的积极行为	学习音乐	旅行
让他来安排假期	结交新朋友	饲养宠物	运动

✦ "爸爸妈妈，我不疼！"从坚强到自立

3 岁的孩子正在客厅玩着球，奶奶在厨房准备午饭，球滚到了餐桌下面，宝宝趴到餐桌下面去拿球，没注意磕到了头，哇哇大哭，奶奶连忙跑过去安慰："都怪这个桌角，奶奶给你打它，哎呀，我们宝宝好可怜，都磕起包了。"

上面这种场景在很多家庭都出现过，孩子不小心磕碰到了，大人的安慰往往是怪罪地板或桌子，看似转移了注意力，孩子很快就能止住哭声，但其实是没有让孩子意识到真正的问题出在自己身上，也无法让孩子得到教训，避免下次再发生类似的事情。

长此以往的后果就是孩子遇到问题往往只会寻找外部因素，或者只会怪罪他人，进而变得越来越脆弱。

妈妈下班给孩子带回了一个新玩具，是一个芭比娃娃，孩子开心地蹦蹦跳跳，抱着娃娃玩起了过家家。到了吃饭的时候，孩子依然在玩她新得到的芭比娃娃，奶奶过来叫她吃饭她也舍不得放下，还要再玩一会儿，大人们开始吃饭，孩子依然和娃娃玩得兴起，就是不来吃饭。这时奶奶端着盛满饭菜

的碗来到孩子面前喂她吃饭，奶奶说："啊，来张嘴。"孩子张大嘴巴吞下一口米饭，眼睛始终没离开过娃娃。

孩子到吃饭时候只顾着玩，大人追着把饭喂到孩子嘴边的场景更是太常见了。自己吃饭是一个人最基础的技能，而且完全应该是孩子自己做的事情。孩子有能力自己吃饭，大人却因为嫌孩子太慢或者担心他自己吃不好、吃不饱而代替孩子做这些最基本的事情。

孩子哭闹、不肯好好吃饭，确实让很多家长头疼，但如上面案例中的家长，他们的行为真的能够彻底解决问题吗，还是说家长只求让孩子快点停下哭声，快点把饭吃完呢？至于更深层次的原因，根本就不在考虑范围之内。

6岁的明明刚上一年级，早上六点半就需要起床，七点半到校，每天早上妈妈都需要叫三四次，明明才懒洋洋地从被窝爬出来，这时已经过去了十分钟。明明到沙发上拿起iPad看起动画，妈妈一边准备早饭，一边催促："快点刷牙洗脸换衣服，一会来不及了。"明明嘴上答应了，放下iPad，去逗沙发上的猫咪，又过去了十分钟，这时妈妈又说："你怎么还没去啊，要不先别洗了，先过来吃饭吧。"对于吃饭，明明还是不会拒绝的，他不紧不慢地嚼起了一片吐司，妈妈催促："快点吃，吃完还要洗漱呢！"

妈妈先吃完便去叠被和打扫厨房，等到明明要喝牛奶的时候指针已经指向了七点整，妈妈收拾完出来见明明还没吃完早饭，有点着急："来不及了，先别吃了也别洗漱了，先把校服换上，赶紧背上书包，牛奶路上喝。"明明放下牛奶去穿衣服，并没有在床头发现校服，往常妈妈都是会叠好放在那里的，于是明明开始有点埋怨地喊："妈妈，校服在哪里呀？""在阳台衣架上，昨天洗了，你自己拿一下吧。"妈妈边穿外套边说。"可是我够不着！"妈妈只好去帮明明拿校服。明明慢悠悠地套上校服外套时，妈妈实在是看不下去了："快点啊，要迟到啦！"说着帮明明穿好外套，拉上拉链，背上书包，匆匆出门。

在上面的场景中我们可以发现，妈妈一早上忙忙活活，洗漱，做饭，整理房间安排得满满当当，孩子却只做了吃饭这一件事，而且还没做好，妈妈一直在着急，孩子始终不着急。妈妈越想要孩子快点完成，结果反而越不理想。为什么会这样？

我们抱怨孩子脆弱的时候，想没想过，是谁造成了孩子的脆弱，我们嫌弃孩子什么事都做不好的时候，想没想过我们代替孩子做了多少事情？

父母总是代替孩子，才是孩子无法自立的真正原因，那么完全让孩子自己的事情自己做就是对的吗？

《人民日报》发布过一则新闻，深圳的一家小学，放学的时候校长站在校门口制止家长替孩子背书包，目的是让孩子明白自己的事情自己做。学校的出发点是好的，自己的事情自己做也是对的，但是，背起书包的孩子，其他的事情学校也能够监管得到吗？如果仅仅是书包这一件事，其实更多的像是形式主义。所以，只是简单粗暴的一刀切并不可取。那我们到底应该怎么做？

第一，列出孩子"自己的事情"的清单。

不同年龄段的小朋友有不同的能力，在孩子能力范围之内的事情，父母尽量不要代劳。对于低年龄的小朋友来说，最开始父母可以给他们安排简单的事情，如自己吃饭，自己穿衣、系扣子、系鞋带，自己洗脸，自己叠被子，自己整理书包等。这些都属于基本的生活技能，是孩子一个人生活自理的基础。需要让孩子明白这些事情是必须要自己完成的。

等到孩子可以做到的时候，我们就可以提升点难度，让孩子在计划时间内来完成这些事情，这里要注意的是计划时间并不是家长单方面地列完时间表然后直接交给孩子照做，而是需要家长和孩子一起共同规划。并且，家长要以平等尊重的态度询问孩子的意见：哪一个是你最喜欢做的？穿衣服你觉得定多长时间合适呢？经过孩子参与制订的计划，孩子会更愿意也更自觉地去完成。

第二，慢慢来，花时间训练。训练孩子的自主自立涉及几个方面。

为什么要训练？

如果父母不花很多的时间来训练孩子完成自己的事，后期就需要更多的时间和精力来纠正孩子的行为。而纠正难免批评，孩子总是受到批评会打击信心，变得沮丧或者愤怒。这样会导致孩子变得更不爱学习如何做事情。

儿童心理有一种现象叫作寻求关注，孩子需要通过确认家长的关注来获得安全感。家长的纠正会让孩子觉得获得了更多的关注，因此他们会更不愿意更正行为，甚至变本加厉。

训练不是一步到位的。

即便上面我们列举的最简单的技能，刚开始对于孩子来讲也是有很多困难的。如吃饭时饭菜会撒到衣服和地板上，鞋子穿反，被子叠得皱皱巴巴，洗个脸整个衣服袖子都湿了……这些都不是一两次的训练就能做好的。

不要埋怨和指责，更不能因为孩子没做好就惩罚，家长要做好长期反复训练的准备，将花时间训练孩子的技能变成一个日常的内容。

把握时机。

训练的时机也要注意把握，比如早上着急出门的时刻就不太适合我们慢慢教孩子系鞋带。在时间的压力下，父母难免急躁，既起不到好的训练效果，还容易引起孩子反感。

掌握一些小技巧。

枯燥和生硬的指令会让训练变得索然无味，而增加游戏和趣味性就能提高孩子的学习兴趣，提高学习效率。

如学习系鞋带，家长就可以在纸板上先画出一个夸张的大鞋子，再做出鞋子的洞眼，再找根绳子就可以教孩子穿鞋带、系鞋带了。比如餐桌礼仪这些比较抽象和枯燥的事情，我们就可以和孩子还有他的娃娃们来玩"过家家"的游戏，在游戏中学习这些礼仪的应用。在游戏中训练孩子是非常好的方式，孩子都会非常愿意参与，而且还能收到很好的效果。

其实让孩子自立的方法有很多，但重要的不是方法，而是家长真的愿意付诸行动，不着急，不迫切，慢下来陪伴孩子一点一滴地进步，否则一切都是空谈。

✦ "爸爸妈妈，我行吗？"从敢于尝试到自信心

4 岁的妮妮想要帮妈妈把新买的鸡蛋放进蛋托，妈妈立即喊道："放下鸡蛋，你会把它掉在地上摔碎的，还是妈妈来放吧！"

3 岁的康康正在自己穿衣服，准备出发去上幼儿园，妈妈等不及："过来，妈妈给你穿，你太慢了！"

妈妈的话让妮妮感觉气馁，她感觉自己很弱小；而康康看着妈妈快速地做完了自己要好半天才能做完的事，他干脆放弃自己尝试，以后都由妈妈来做好了。

3 岁的依依想帮妈妈摆早饭，她拿起牛奶准备往玻璃杯里面倒，这时，妈妈抢过牛奶，和蔼地说："你还小，还倒不好牛奶，洒了怎么办，妈妈来吧。"依依露出难堪的表情，转身离开了餐厅。

5 岁的昊昊安静地在游乐场上玩着沙子，但他看起来似乎闷闷不乐，他的妈妈坐在旁边的长椅上，昊昊问妈妈："我现在可以去玩荡秋千吗？"妈妈回答："可以，来牵着妈妈的手，免得摔倒了。"昊昊坐上了秋千自己前后荡起来，

妈妈见状说道："小心别摔下来，还是我来推你吧，你坐好别动就行。"昊昊刚开始还安静地坐着，但是没一会儿他就觉得没意思了，要从秋千上下来去玩健身器材，妈妈又牵起他的手走向健身区，经过单杠时，昊昊看见几个孩子爬到杠上面去玩，问妈妈："我能玩这个吗？"妈妈回答："不行啊，那样玩太危险了，掉下来会受伤的，我们去玩滑梯吧。"滑滑梯时妈妈又说道："慢点上去，别摔倒！""别撞到别的小朋友！""排好队啊！""好了现在没人了，滑下来吧！"滑了一会，妈妈说时间差不多了该回家了，昊昊便牵起妈妈的手离开了游乐场。他没有机会大声喊、大声笑，没有机会跑来跑去，没有机会尽情玩耍，他觉得这里并不好玩。

依依对于尝试新的事物有很大的兴趣，但是妈妈的话语让她十分受挫，只好转身离开以示抗议。昊昊没有机会和同龄的孩子一起玩耍，也无法为自己做主，事事问妈妈，听从妈妈的指挥。妈妈同意的时候他也是漫不经心，他的闷闷不乐是内心受挫的表现。

昊昊为什么不能体验快速下滑的刺激呢？一直在妈妈的保护下，他怎么知道自己什么能行？依依如果真的把牛奶洒在桌子上又能怎么样呢？损失牛奶和损失孩子的信心相比，哪个更严重？

作为家长的我们都希望孩子能够自信勇敢，善于解决问题。理想总是很丰满，可是放到实际生活中，面对一个个具体的事件时，我们又总是不敢放手，总是嫌孩子自己做不好，做得慢。背后的原因是家长害怕承担风险和不相信孩子的能力。社会风气急功近利，在培养孩子上也不例外，我们总是希望用最快捷的方式解决问题，面对孩子我们也总是希望他们能快点，再快点。

这就是一个矛盾，一方面我们希望孩子成长，一方面却切断孩子成长的途径和机会。一方面我们希望孩子能拥有独立面对和解决问题的能力，一方面又嫌他们太慢，代替他们完成他们自己分内的事情。结果就是孩子受挫，或丧失信心，或放弃尝试，家长大包大揽，费力不讨好。

穷养富养不如"慢养"

上面这些例子都是反面教材，妈妈总担心幼小的孩子受到伤害，看似处处保护，实则事事阻拦。但是我们常常意识不到自己的行为会给他人造成什么样的影响，带来什么样的感受。我们只是做了我们以为的"为你好"，却没有听到孩子的"我不要"。

那有没有什么方法能改变这样的局面，既能保护孩子的好奇心和自信心，又能让父母放下过强的保护欲和控制欲呢？

第一，了解孩子所必需的。父母需要对孩子生长发育的阶段和规律做到心中有数。

依依的妈妈直接告诉依依，你不行，你做不到；昊昊的妈妈在努力地想要方方面面都将他保护起来时，也等于告诉他：你很弱小，你没有能力保护自己。实际都是因为妈妈们不清楚她们的孩子已经具备了解决相关问题的能力。

3岁的孩子有一定的能力掌控自己的手臂力度和手的精确度，5岁的孩子更是可以在游乐场游刃有余。当父母知道孩子想要尝试某件事并非只是为了好玩，而是真正有能力可以去完成时，自然会放手让孩子去做，孩子尝试成功了，才会逐步建立起他们的自信心。

第二，刻意培养习惯。在日常生活中培养自己逐渐放手的习惯，培养孩子一点一滴解决生活小问题的习惯。比如帮忙做家务，比如整理自己的玩具，刚开始尝试时，孩子定然不会做到完美，速度也不会很快，这就需要家长多次、耐心清晰明了地指导和演示，当孩子能够独立完成时，别忘了来一个大大的正确的赞美！

第三，克制本能，勇敢放手。孩子天生具有极大的勇气，并且对于其他人做的事抱有极大地想要尝试的热情，这是其天性。家长过度的保护欲，也是出于对保护后代的下意识的本能。

但是孩子的本能是为了助推本身的学习与能力增长，家长对于孩子过度保护的本能，却使孩子丧失了勇气。孩子们需要自己去尝试，这样可以测试和提高自己应对危险情况的能力，需要在摸爬滚打中积累自己的经验，知晓危险的边界，形成自己的认知和做事的原则。

第四，鼓励的力量。依依自己有勇气尝试新的挑战，妈妈只要信任她，就是给她鼓励，如果牛奶洒了，妈妈只需要擦掉洒出的牛奶，不断鼓励她："再试一次吧，你做得到。"

昊昊想要玩哪个游乐设施，妈妈也可以潇洒地说一句："去吧，祝你玩得愉快！"

当然，给孩子足够的自由和尝试的空间，并不代表我们完全撒手不管，那是另一个极端。我们要时刻观察着，准备着，在孩子遇到危险或者需要帮助时，挺身而出。

✦ "为什么第一不是我？"从好胜心到坚韧

　　5岁的鹏鹏上幼儿园的大班，是个开朗的孩子，一次幼儿园举行了两人三足接力赛，鹏鹏和楠楠搭档一组。第一轮比赛开始，哨声一响，鹏鹏就往前冲出去，完全没有顾忌旁边的楠楠，楠楠重心不稳，一下摔倒，大哭起来，第一轮比赛就此作废，鹏鹏十分气恼，冲着楠楠喊："都是你，走得太慢了！"

　　第二轮比赛开始，起初两人走得挺顺利，可是在中途跨越障碍的时候，楠楠又被绊倒了，比赛自然又落后了。这下鹏鹏更加生气了："你怎么这么笨啊，都怪你，要不是你我早都赢了！"说着便用手推了楠楠。

　　楠楠本来就摔疼了，再加上鹏鹏的埋怨，哭得更大声了，老师赶来，安慰了楠楠，想要他俩和好便说道："比赛输了，并不是一个人的责任，这个游戏考验的就是两个人的配合，需要相互迁就，相互帮助。所以没有到达终点，两个人都有责任，而且友谊第一，比赛第二，不能只想着输赢。现在，鹏鹏你可以为你刚才的行为向楠楠道歉吗？"

　　鹏鹏脸上露出后悔的神色，但是当老师再次要求鹏鹏道歉时，没想到鹏鹏嘴一撇，也哇哇哭起来。

从故事的细节我们可以看出，鹏鹏是个好胜心强的孩子，追求荣誉和胜利，总希望拿到第一。这样的性格有好的方面，有动力、有冲劲，在比赛和学习中会处处争先。可是伴随的缺陷也很明显，这样的孩子看似强硬，如果不能够引导成为习惯，则往往内心脆弱，承受力差，不愿面对失败，而且一旦失败则总是想要推卸责任，不愿承认自己的过错。

孩子之所以有争强好胜、不愿认错的行为，本质上是因为其丧失了信心，追求了错误的归属感和价值感。

每个人的行为目的都是为了追求归属感和价值感，这没有问题，但是孩子的心智发育不够成熟，他们会用一种错误的方式来获得归属感和价值感。这源自他们潜意识中的观念——只有得到他人的关注，才能获得价值感，所以对自己价值感的追求，促使他们好胜心强，借由胜利和荣誉得到他人的关注。

但是孩子意识不到这样的观念是错误的，即使我们询问他为什么要这样做的时候，他也会说不知道，或者给出其他理由。既然是错误的归属感和价值感导致了孩子争强好胜，那么又是什么原因导致了孩子会产生这种错误的感知呢？其实这很有可能与父母有关。

以父母权威强迫孩子做事，总以发号施令的口吻与孩子讲话，在与孩子的沟通中即使犯了错碍于面子拒不承认，这些行为会使孩子表面服从，而内心并不屈服，而且长期得不到肯定和鼓励，孩子会慢慢丧失信心。也会给孩子一种错觉：权力是一种好东西，我也要说了算，当我来主导，或者证明没人能控制和主导我的时候，我就会获得归属感和价值感。

只有当孩子取得好的成绩时，父母才会露出和蔼温柔的一面，这就促使孩子特别在意输赢，刻意追求荣誉。

既然如此，我们就必须行动起来，将孩子的好胜心引导到正确的轨道，弥补脆弱，成就坚韧。

首先，要抛弃根深蒂固的家长权威意识。

让孩子感觉到被尊重是最重要的，改变强硬和命令的方式，用和善又坚定的语气与孩子交流。一开始你和孩子可能都需要适应，而且做好孩子不接受你的打算，因为一次的改变并不足以取得孩子的信任，不要放弃，坚持下去，孩子会感受到你的诚意，最终让平等沟通的习惯取代发号施令的习惯。

其次，要帮孩子追求正确的归属感和价值感。

归属感和价值感对于孩子来讲非常重要，以至于会决定他们在学校的表现、成绩和同学关系。家长培养赞美的习惯，运用正确的赞美和鼓励，真正欣赏孩子，认可孩子的行为，肯定过程和努力，让孩子发现自己的价值，无须他人认可；孩子培养自省的习惯，知道自己的短板和错误，并知道怎样可以做得更好。

当孩子再也不问"为什么第一不是我"，即使经历失败也可以坦然面对并能从中总结经验时，他就获得了宝贵的坚韧品质。

好胜心对于孩子的益处			
更积极主动	更愿意接受挑战	更愿意与人交流	更愿意学习

✦ "你玩我这个玩具吧！"从分享到懂得与人合作

4 岁的飞飞正在广场上玩着自己的遥控汽车，旁边一个小女孩先是看着飞飞玩，过了一会儿怯怯地问："我可以玩一会你的汽车吗？"飞飞非常直接地说了"不"，小女孩露出受伤的表情，下一秒马上要哭出来。

飞飞的奶奶见状，马上开始教育飞飞："我们飞飞是个好孩子，好孩子都是要学会分享的，给小妹妹玩一会儿！"

在奶奶的劝说下，飞飞把自己的汽车给了小女孩玩，可是飞飞自己因为不舍和委屈哭了起来。

我们每个人小时候或者我们教育自己孩子的时候都说过与人相处之道，其中很重要的一项就是要学会分享，包括分享自己的玩具、食物等。分享是一种优秀的品质，懂得分享的孩子才会被认为是一个好孩子，反之拒绝分享就是不够大方或者吃独食。

我们接受的文化和教育也是如此，孔融让梨告诉我们不光要分享，还要把好的优先给别人。分享被认为是一种美德。

真的是这样吗？上面的故事里虽然最后飞飞交出了自己的玩具，小女孩也得到了玩玩具的机会，可是两个孩子都不开心，这是成功的分享吗？尤其是飞飞，那个被说教后交出自己玩具的孩子的感受，有人关心吗？

当孩子开始与外界接触和交流时，我们希望孩子能和其他人和平相处，所以我们出于善意，去教会孩子分享，因为分享代表着向他人示好。背后的逻辑其实是想通过我自己付出，换来下次别人可以对我付出，本质是一种交换。

的确，人是群居的社会性动物，每个人都不能孤立存在，学会分享与合作是必然的，这没问题。

问题是真正的分享不应该是被要求的，更不应该是建立在孩子的痛苦之上的。

要学会分享也不是简单地告诉孩子把你的玩具给别的孩子玩，我们需要用技巧鼓励孩子，而不是要求孩子分享，更不是命令孩子分享，我们需要孩子真正的分享。

第一，建立物权概念。

从孩子还很小的时候我们就会发现孩子会对某些东西特别看重，或许是某一件玩具，或许是妈妈的一件衣服，或许是他穿小了还舍不得扔的一双鞋子。孩子对这些东西会特别在意，家长要动或者丢掉孩子都会有比较大的反应，虽然他们说不清为什么。

这就是物权，这样的东西有他寄托的情感，拥有这些物品让他觉得有归属感。

所以，孩子不愿意分享，不愿意别人触碰，因为孩子在坚守的不只是一件玩具，而是自己的安全感。

对于物权概念的建立让孩子懂得守护自己的物品，未来才有可能坚守原则、梦想、情感等更重要的东西。

没有拥有谈何分享？

第二，尊重孩子。

故事中的奶奶教育的口吻虽然很温和，但背后还是家长的权威在起作用，碍于面子和他人的评价，我们希望孩子按我们说的去做，而且就是现在、马上。我们提到了很多次，对于孩子要慢慢来，要尊重平等，要时刻警惕家长权威和架子对我们的支配。

第三，勇敢说"不"。

我们的文化系统中没有拒绝的文化，我们总是被教育要考虑别人的感受，先人后己是美德，追求自己快乐就是自私。以至于我们从小到大都不敢拒绝别人，没有勇气说"不"。如果我们因为不愿意而拒绝别人，拒绝分享，过后就会前思后想，甚至后悔自责。

当孩子没有被这样传统的观念束缚时，我们却在潜移默化地要求他们要委屈忍让。因为委屈自己而做出的分享，并不是真正的分享，也不是可以一直持续的分享。

我们要求孩子分享，本质上也是在照顾别人的感受。总是想别人是不是不开心，却很少问自己是不是快乐。

不光是孩子，我们每个人都有权表达自己的情绪，有权拒绝。关心自己的情绪，取悦自己，当我们开始爱自己，才能懂得爱别人，爱这个世界。

先从我们家长做起，让孩子建立对家庭和家庭成员的信任和安全感，孩子才会慢慢建立起对这个世界的安全感，孩子感觉到安全感是来自关心、尊重或者真正热爱的事情而非某一件物品时，孩子便会主动分享。

等孩子学会真正的分享，从分享最基础的物品开始，到慢慢学会分享知识、经验、思想，那他就会赢得真正的朋友和迎来真正的合作。

第七章

原生环境：家长是孩子最好的教育，
改正错误的亲子关系

　　教育最重要的，就是给孩子一个好的成长环境。幸运的人一生都被童年治愈，不幸的人一生都在治愈童年。原生的家庭环境是孩子成长过程中最重要的影响源，孩子的自卑、懦弱源自暴力的家庭环境，孩子的欺骗、任性来自复杂的家庭关系。好的原生环境是什么样的？父母应该怎样去改善家庭环境中的不良因素？

✦ 所有关系都是原生家庭关系的投射

个体心理学创始人阿尔弗雷德·阿德勒说："一切的烦恼都来自人际关系。"我们的人际关系常见的有和伴侣、同事、合作伙伴以及自己的孩子的关系等。

当然我们和父母的关系也属于人际关系的一种，而且是最早开始接触、学习的人际关系，也是最重要、且会影响我们与其他人相处的一种人际关系。

可以说我们和世界的所有关系都有着原生家庭的投射，成年后的我们身上很多性格缺陷都暗含着原生家庭的影响。

和朋友相处觉得自卑，不配得到，很难产生信任，可能源自原生家庭父母关系不和谐或互相伤害；

寻找另一半时本能追逐温暖，一点关心就深陷其中，可能源自原生家庭长期缺乏关爱；

在婚姻中使用暴力或者懦弱无能，可能源自原生家庭父母有暴力倾向；

在事业中即使成功也焦虑不安缺乏安全感，可能源自原生家庭父母使用前途威胁恐吓；

在工作中推卸责任，不懂合作，可能源自原生家庭的父母常常犯错就批评指责……

精神分析学派大师弗洛伊德认为：早期的亲子关系与人格形成具有密切关注。后来大量的心理研究也表明：早期的生活经历，特别是原生家庭对个人性格的塑造起着至关重要的作用，对个人的生活会产生长期、深远的影响。

晓静是个温柔恬静的女孩，她性格好，学习好，很多同学都和她相处得不错，可是只有晓静心里觉得自己很孤单，虽然她和每个人都能聊得来，但她知道有很多时候她都是刻意迎合，看着其他人都有无话不谈的闺蜜，她也很羡慕，但是当有朋友热情地示好，友好地邀请，她心里反而会想要逃避，她很烦恼为什么自己始终没有一个真正的朋友。

晓静找到了心理咨询老师倾诉她的烦恼，在老师的启发下，她终于发现了问题的根源。晓静小的时候父母经常在家里吵架，而且从不避讳，吵完了架，父母就开始冷战，小小的晓静感到害怕和不知所措，她本能地以为父母吵架与她有关，是她不乖，于是她就去恳求妈妈不要生气，不要和爸爸吵架，她会乖乖听话，不惹父母生气。

童年的晓静经常经历父母的吵架与冷暴力，这使她本能地将父母吵架的原因归结于自己，长此以往，晓静就会觉得真的是自己不好，自己是卑微的，是不配得到好的东西的，不配得到尊重与信任，觉得自己不值得被爱。虽然已经是过去很久的事情了，连晓静自己都不记得细节，更不会将自己长大后交友困难归结于小时候的经历。

这就是原生家庭对我们的影响，对我们人际关系的投射。

原生家庭的影响就像是藏在我们身体深处的驱动程序，在童年的时候写下的错误代码，成年的某个时候就会启动，做出我们自己都不理解的行为。

穷养富养不如"慢养"

　　莉莉和大刘是一对情侣，生活在一起。最近他俩总是因为一些小事而发生争吵而闹得两个人心情都不好。原因是大刘总是有一些不好的生活习惯。比如：上厕所总是不掀起马桶圈；刷完牙，牙膏就放在手盆上，不放回牙缸；脱下的袜子总是随手扔，有脏衣篮也不放；洗漱完的卫生间到处都是水渍也不擦干……刚一开始莉莉还以调侃的方式提醒，次数多了便渐渐不耐烦也不理解：为什么说了这么多次还是不做，明明知道这样做不对，还不改正，这不是跟我对着来吗？不顾我的感受，根本就不爱我！终于有一天两人又因为东西乱放的问题争吵，愈演愈烈，大刘吼："不就是这点事吗，你至于吗？"莉莉崩溃大哭。

　　至于吗？对于莉莉来讲至于。

　　我们来看莉莉的家庭生长环境，莉莉家中有三个孩子，莉莉排行老二，或许是因为中国传统家庭观念中的"大的亲，小的娇，苦就苦在当中腰"的观念，身为老二的莉莉总是显得没有存在感，家里没人重视她说话，没人记得她的口味，她要捡姐姐的旧衣服、旧鞋子穿，因为大床空间不够，只让她去奶奶房间去挤小床……

　　就像是韩剧《请回答1988》中的老二德善一样：早上家里只剩2个鸡蛋，一个给了姐姐，一个给了弟弟，妈妈对德善说德善不喜欢吃鸡蛋，喜欢吃腌豆子，和妈妈一样；因为生日和姐姐差三天，总和姐姐合到一天过，而从没有过属于自己的一个生日，德善总是被忽视、被将就的那一个。

　　莉莉也一样，所以莉莉内心渴望有人关心她、重视她，找另一半时也是以此为标准，希望找到一个满眼是她、重视她的一切的人，他必须要理解她，并且懂得倾听。

　　但是大刘的屡教屡犯，让她觉得自己说的话没有人重视，完全被忽视，就好像回到了当年那个家中的小女孩。

　　但是这些都是很隐秘的心理深层的原因，在与大刘争吵时，莉莉是没有意识到这些问题的。她并不会将她的愤怒和不满与她的原生家庭联想到一起，也不会想到自己和伴侣关系的处理引发了她心底的不安全感。其实她在争吵和争取的并不是那些东西究竟是不是应该放回原位，而是自己的价值。她的心底在呐喊：我要你重视我，重视我所说的话！

反过来看大刘，大刘的妈妈是一个控制欲比较强的人，大刘从小无论大事小情妈妈处处都要过问，就连交友都要干涉。长大后的大刘反而想要一个随心所欲的环境，当然这些也都是他潜意识的作为，表现在日常生活中就是物品乱堆乱放了。

原生家庭的关系投射到他们现实的情侣关系上了。莉莉就纠结大刘是不是不爱她了，而大刘只觉得莉莉小题大做，没事找事。

如果他们两个意识到这是自己原生家庭对自己造成的影响，沟通时不只顾发泄情绪，那么事情就会得到好的解决。莉莉可以直接说出自己的感受："我从小就是一个没有存在感的人，我觉得你这样是不重视我说的话，不在乎我，我感觉自己很没有价值，很受伤害。"大刘也明白了她生气的真正原因，就可以说出自己的想法："我怎么会不在乎你呢，我就是不想被处处约束，在自己家都感觉没自由。"这样，大家讨论的核心就到了问题的本质上来了，不再只是进行一味地指责和发泄，浪费时间，伤害感情。

我们再来看原生家庭对于其他方面人际关系的影响。

比如我们与同事的相处和关系上。假设你们组负责的项目没达成预计目标，当领导问责时，很多人就会解释说这是流程问题，是别的部门不配合的问题，或者是某个成员的失误，总之，不是我的问题。

原生家庭关系对于成为家长的人的影响，更体现在亲子关系上。

很多家长和孩子的相处，也能窥见一些家长小时候的影子，比如孩子打翻了水杯，弄脏了鞋子，玩坏了玩具，家长第一反应就是：我都告诉你了让你小心点！将自己责任择出：这件事与我无关，是你的问题。

这些潜意识地将错误归咎于外部因素或者他人的行为，可能就是因为家

穷养富养不如"慢养"

长小时候犯了错，遭到过训斥或者惩罚，那种被批评的感受太差，导致潜意识形成避免惩罚的反射，出现错误的时候，将矛头对准孩子，就会避免自己面对这个错误和惩罚。

这种行为更典型地表现在家长陪孩子写作业时候。

家长全心全力在盯着孩子，孩子却一会儿东张西望，一会儿玩橡皮铅笔，一会儿又渴了、饿了或上厕所……要不就是一个算术题教了半天也不明白，半个小时的作业量能拖拉两个小时。父母催促："别玩了，快点写！"更有用吓唬孩子的方式："写不完看明天怎么交，交不了作业老师就罚站，你的同学都笑话你！"要么就是："这么简单你怎么就不会呢？"但是语言的刺激并不能加快写作业的进度，家长越着急孩子越慢，甚至犯低级错误，到最后父母实在控制不住，崩溃发飙。

家长也不明白为什么平时温文尔雅的自己，在面对做作业这件事的时候容易失控。

这或许跟他们童年的经历有关，许是小时候他们写作业遇到的难题，许是来自大人的批评或指责，就像是现在催促自己的孩子一样，可能具体的事情已经记不清楚，但是那些经历留下的不愉快的感受却刻在了脑海隐秘的角落里，所以当再次面对写作业这件事，潜意识中的负面情绪就会汹涌而来，带我们回到那个曾经痛苦无力的自己。

当然这在当时也是意识不到的，只会感受无力和崩溃，并任由负面的情绪发泄。

当我们知道自己的无力来自自己的原生家庭影响，就会重新考虑怎么对待陪孩子写作业这件事。

我们回想一下或者试想一下就会意识到，写作业的时候大人站在身边的感受，简直如芒在背。父母的紧盯不舍给孩子造成很大的压力，孩子的精力会用在提防父母不一定哪个时刻会生气，心里紧张就更容易犯错，精神更难以集中，效率自然更低下。

知道了这些，对于我们给下一代创造原生关系带来一些警示和启示。作为父母一定要提醒自己：我现在就是孩子的原生家庭，我的言行举止关系到孩子以后的性格甚至幸福！

遗憾的是很多人一直意识不到，让亲子关系就这样一代一代恶性循环下去。

✦ 叛逆不是孩子的错，重要的是引导

孩子的成长发育过程中一般会出现三个叛逆期：2岁至3岁的幼儿叛逆；7岁至9岁的儿童叛逆；12岁至18岁的青春期叛逆。

比起普遍谈论和认知较多的青春期叛逆，幼儿叛逆和儿童叛逆似乎更不为人所熟知，自然也不那么重视。家长面对孩子种种不恰当或者出格的行为时，并不知道这是叛逆，第一反应就是不听话，采用的方式也是教育甚至惩罚，而从来就没考虑过孩子为什么会这么做。

从两三岁起，孩子自我意识逐渐觉醒，对于命令和指挥会本能地反感，他们会排斥自己不喜欢的东西，不再对父母言听计从。他们想要证明自己的存在感，想要按照自己的意愿去做事。这也就是为什么家长会觉得孩子突然变得不听话。

两岁半的欣欣非要看手机，妈妈不允许，欣欣开始哭闹，爷爷奶奶交出自己手机，给了欣欣，妈妈只好妥协："那就看20分钟。"转身去忙别的。等妈妈忙完想起来的时候，就出来提醒欣欣该放下手机了，欣欣却再次一哭二闹，这次妈妈强硬地抢过了欣欣的手机，并且惩罚欣欣站在墙角反省，转

身对爷爷奶奶说，都不许理她，我们吃饭。欣欣再次号啕大哭，一家人闷闷不乐，午饭也没吃出味道。

欣欣做不了自己想做的事，就开始无理取闹，妈妈采取的方式要么是以暴制暴，要么是冷处理，不予理睬，而且要求欣欣自己反省。其实让两岁半的孩子自己想明白去反省，这样的要求本来就不合理，这样做只会造成两种结果，要么孩子迫于恐惧屈服认错，要么激起更大的叛逆，家长无奈低头。

欣欣有这样的表现其实并不是一天造成的，想要有所改善也不能一蹴而就，案例中妈妈的做法就是想要在出现问题时用命令或者强行干预来马上见到效果。

首先妈妈需要理解，对于欣欣来说时间的概念很模糊，对于什么时间应该做什么事情也没有概念，妈妈可以从日常生活中让孩子慢慢建立时间的概念，比如认识钟表、看计时沙漏，可以非常直观形象地看到时间一点点地流走。

对于时间有初步的了解后，就可以将日常生活的事项做轻重缓急的分类，以及约定做这些事情的时间。比如睡觉就属于重要事件，而看手机就不是，睡觉需要在晚上九点，而每次看手机的时间为 20 分钟。这里需要注意的是规则的制定过程需要孩子的参与，这样他们会更愿意执行，还有一点就是一定要有耐心和长期坚持的准备，一开始执行时间管理肯定不会很顺利，需要家长以身作则地示范及多次的刻意练习。

3 岁的娜娜在生日的时候，收到了一个生日礼物，是一条漂亮的裙子，娜娜非常喜欢这条裙子，每次出门都要穿着。一天外面下了雨，气温下降，妈妈要带娜娜去超市，便给娜娜找了长袖衣裤，要给娜娜换上，娜娜却去衣柜拿出了裙子："我要穿这个。"

妈妈解释说："今天外面很冷，不适合穿裙子，不然会着凉的。"

娜娜根本听不进去:"我就要穿这个。"

妈妈继续耐心解释:"既然你坚持,妈妈尊重你的选择,但是妈妈想告诉你的是,外面的温度比平时低,你的小胳膊和小腿没有衣服保护可能会感觉很冷,也有可能着了凉回来感冒发烧,不仅不好受,还要打针吃药,你看妈妈怕生病都穿上了外套和裤子呢。"娜娜想了一会儿说,那还是听妈妈的吧。

娜娜坚持在雨天穿裙子,并不可以直接定性为无理取闹,只是孩子的认知并不全面,坚持只是单纯地觉得我想要,考虑不到事情的后果。这个时候家长如果强硬地违背孩子的意愿,必然会加重孩子的叛逆情绪。娜娜妈妈的做法就具有参考意义,家长可以先给孩子讲明这样做需要承担的风险和后果,孩子经过思考后,也可以做出理智的选择。

天天刚从外面玩回来,进屋就想拿桌上的零食吃,妈妈制止道:"还没洗手呢,快去洗手!"说完就去厨房准备做饭的食材了。天天嘴上答应着,看妈妈正忙着,顾不上他,就直接拿了零食吃起来,根本没去洗手。妈妈转身看见天天已经吃了起来,非常生气:"在外面玩了半天手多脏啊,怎么能不洗手呢?"天天狡辩:"我洗了,妈妈只是你没看见。"妈妈明知他只是狡辩却又没有办法,只好说道:"罚你只能吃这一个,剩下的不许再吃了。"天天马上把手里那一个饼干放进嘴里,把剩下的放回桌子上。但是等妈妈做完饭从厨房出来时,桌上的饼干已经只剩包装袋了。

天天的行为是叛逆的另一种表现,即阳奉阴违拒不承认。这是孩子在和家长斗智斗勇的过程中总结的战术:看到我犯错肯定会挨批评,那我就不让你看见,我偷偷做。其实这是为了逃避惩罚,联想到天天妈妈的严厉和急躁,天天有这种行为也就不难理解了。

其实天天的妈妈想要改变这样的局面,首先就要克制自己用简单粗暴的惩罚的习惯，需要耐心和一点小智慧。针对天天不爱洗手这件事，妈妈可以从日常生活中做起，带天天看一些关于细菌病毒的科普书或者视频，让天天了解到细菌和病毒无处不在，以及对人体的危害。等到天天没洗手直接抓向饼干的时候，妈妈就可以提醒他，想象一下，没洗过的手布满了细菌病毒，要是拿这样的手去抓饼干会怎么样？

叛逆期的表现很多，也很容易觉察：比如上面例子中的无理取闹，又比如对着干，还有像天天那样阳奉阴违，嘴上答应了，实际偷偷违反，更有以沉默抗议，家长无论说什么，孩子都以沉默回应。这是因为孩子意识到语言上的辩驳对于父母不起作用，只能以这种方式回应。这样的行为其实更应该引起父母的重视。

孩子叛逆的表现或是为了得到自己想要的或是为了逃避批评和责罚，其根本原因是想要获得大人的尊重和关注。所以，面对孩子的叛逆，总体的原则就是慢下来，别着急，学会尊重和倾听。父母一定不要简单粗暴地呵斥或命令，我们需要看清楚孩子究竟是什么诉求。

父母应该加以正确地引导，不强迫，不压制，想办法打开孩子的心扉，让孩子说出真实的想法，顺利帮助他们度过每一个叛逆期，成长为一个自信独立的人。

✦ 以身作则，让孩子拥有归属感与价值感

在简·尼尔森的《正面管教》一书中，作者有这样一句话让我感触颇多——"归属感和价值感是所有人的首要目标，孩子尤其如此。"大人们知道寻求归属感和价值感的正确方式，如努力工作、辛勤奋斗。孩子们也同样需要归属感和价值感，但是孩子们因为生长发育和认知的局限会导致他们出现寻求错误的归属感和价值感的行为。

同时，这本书也告诉我们孩子追求错误的归属感和价值感的主要表现，它们分别为：寻求过度关注、寻求权利、报复和自暴自弃。

3岁的多多正在客厅玩积木，妈妈接到一个朋友的电话，多多突然跑过来："妈妈，你看我搭的城堡好不好看？"妈妈做了一个"嘘"的手势，多多继续拉着妈妈的衣服："妈妈快来看看嘛！"妈妈只好先和对方说句不好意思稍等，然后对多多说："等妈妈打完电话就来好吗？"也不等多多回答就继续电话内容，多多走回去继续搭积木，这时城堡重心不稳倒塌了，多多立刻朝着妈妈喊："妈妈，妈妈快过来，我的积木塌了！"妈妈没有停下电话，直接用手势和眼神告诉多多等一下，多多不依不饶："妈妈快过来呀，快过

来呀！"妈妈继续示意多多等一下，但是多多开始将其他积木也推倒，并四处乱扔，妈妈只好匆忙结束了电话。

多多在妈妈打电话的过程中不断地去打断妈妈，吸引妈妈的注意力，她的行为是要通过别人的关注从而确定自己的存在感，如果你不关注我，那我就什么也不是。这样的行为就是典型的寻求关注的行为，多多通过这种行为来找到自己的归属感和价值感。

但是这样的行为令大人感到烦恼和不耐烦，如果换一种方式让孩子获得关注，孩子会觉得兴致盎然，比如面对多多这种行为，有的妈妈就告诉孩子：你看着钟表上的指针，当它转了五圈的时候，妈妈就打完电话了。

5岁的琪琪到了睡觉时间还是在看电视，妈妈过来提醒，琪琪说："我就看完这一集。"妈妈看还剩不到十分钟，于是同意了。等过了一会儿妈妈再来看的时候，却发现琪琪已经跳到了下一集，妈妈有点生气："时间已经到了，现在关掉电视去睡觉。"琪琪却不予理睬，妈妈更加生气，强制关掉电视机，并命令琪琪躺到自己床上去，琪琪站在原地也爆发了："我不睡，坏妈妈，坏妈妈！"妈妈强行把她抱到床上，琪琪仍然反抗，妈妈吼了起来："快点睡觉！"

琪琪大喊："我不要！"妈妈忍无可忍，打了琪琪的屁股一巴掌。

琪琪的表现是寻求归属感和价值感的另一种错误表现方式，即寻求权利。琪琪知道她自己应该睡觉了，可是她采用看似请求的方式让妈妈答应了她看完这一集，其实琪琪已经赢了妈妈，这让她感觉不错，但是妈妈后来动用了家长的权力，强制关掉电视，强制让她回到床上，这激起了琪琪的"斗志"，她要和妈妈斗争，并且要取得胜利。

很多人会问为什么孩子要这样做，其实这就是有些孩子在通过获得自我的控制力来获得价值感，即使最后并未成功，但是在这个过程中，能让大人暴跳如雷，也能使孩子获得到胜利感。反过来想想我们大人，为什么一定要在和孩子的较量中获胜，不也是同样的原因吗？我们都希望自己是说了算的那个。

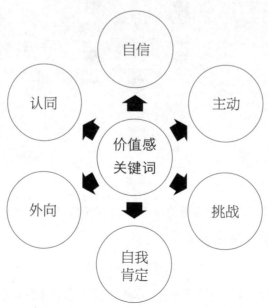

那么如何避免家长和孩子陷入这样的"权力之争"呢？首先我们必须警惕，当家长和孩子中任何一方想要拥有"说了算"的念头时，争斗就开始了。

比如上面案例中的妈妈在命令琪琪关掉电视时，孩子感受到妈妈的情绪，激起她的反抗，妈妈无法控制女儿，则恼羞成怒，一定要让孩子屈服，最后妈妈动手，使争斗升级。家长要避免这个争斗的开端，放弃用家长的强权来制服孩子的念头，这是最根本的原则，然后可能还需要耐心和理解。

妈妈可以去了解吸引琪琪的原因，陪着琪琪去看这一集，定好时间，结束的时候温柔提醒还可以一起讨论剧情并且期待明天看电视的时间，如果家长报以尊重的态度，就会发现孩子非常乐意回应。

寻求错误的归属感和价值感的方式还有报复和自暴自弃。在权力之争中受挫的孩子可能出现报复行为，如摔东西，故意给家长制造麻烦，甚至伤害他人，以此来追求价值感。但是受挫严重的孩子有可能会演变为自暴自弃，他会认为自己做什么都没有用，既然怎么做都没有用，那就什么都不做，彻底放弃努力。

我们知道了错误的行为会导致孩子寻求错误的归属感和价值感，那么我们就来以身作则将它改正吧。

首先，不能给孩子下定义。我们虽然了解了孩子们行为背后的心理因素，但是不能以此来指责孩子："你不就是想要这样做来报复妈妈吗？"这样的话会更严重地伤害孩子。我们的目的是了解了孩子心里真正是怎么想的之后，才知道怎么做。

其次，对症下药。对于寻求关注的孩子，我们可以给他们新的关注点，将注意力从关注的人身上转移；当我们意识到我们或者孩子有"谁说了算"的念头时，应立即停止，避免争斗加剧；当孩子将价值感借助在报复上时，不要忙着斥责，我们要找到孩子内心真正的原因和诉求；当孩子对自己失望放弃时，我们可以带他换换环境，发现他哪怕有一点点兴趣，然后要陪伴孩子做一些能够建立信心的小事，而且始终坚信孩子可以。

穷养富养不如"慢养"

通过我们的语言和行为，孩子可以准确地感知到我们的情绪，就我们想要以身作则做出改变来讲这真是幸事。还有最重要的，就是爱，我们爱孩子，孩子更爱我们，这让我们有机会得以重新校正自己的行为，帮助孩子同时也是帮助我们自己寻求到正确的归属感与价值感。

✦ 理顺关系，让孩子感受到爱

"你是怎么回事啊？作业写完了吗？又开始玩游戏！"妈妈冲着壮壮吼道。"妈妈，我有做作业计划，我准备……""少废话，赶紧去写作业，写不完别想吃饭！"壮壮不情愿地放下手机，去写作业。吃晚饭的时候妈妈又说道："这次的数学测试，成绩不升反降，再这样下去哪行啊，我给你报了个数学思维班，这周六就开始上课，到时候你可得好好听！""可是妈妈，我周六约了同学打球，都说好了。""还天天想着玩呐？你自己成绩啥样自己心里没数吗？再说就你那些朋友，个个学习都不咋样，你呀以后少和他们玩，多跟你们班的学习委员接触接触，你看人家，回回测试得满分，性格还好，还懂礼貌，真不知道你啥时候能让我省心！"

你要是说壮壮的妈妈不爱孩子，那似乎不公平，壮壮妈妈肯定也觉得委屈死了：我怎么不爱孩子，我都是为了他好啊！

就是这句，为了孩子好，多少父母打着为孩子好的旗号，却做着伤害孩子的事呢？

高高在上地指责孩子的缺点，然后替孩子做所有决定：决定他什么时候写作业，决定他报什么班，决定他什么时候玩，决定他交什么朋友，等他长大后是不是还要决定他找什么样的工作、找什么样的另一半？

这是正常的亲子关系吗？这是正确的表达爱的方式吗？不是，这是家长为了抚慰自己的焦虑而对孩子的控制。

我们小的时候似乎习惯了父母的指责、老师的批评，觉得太正常了，我们都是这样长大的，家长不就得这样管孩子吗？所以当我们成为家长，就有样学样地端着家长的架子，手握着父母的权威，对孩子发号施令，并且还期望孩子唯命是从。

但是父母没意识到，时代的变革早已改变了我们的社会氛围和价值观，民主的理念已经在我们的文化中逐渐蔓延开来，孩子对这种趋势的感知非常敏感。他们意识到自己具有平等自由的权利后，自然不会容忍成人的独裁和支配。

父母如果还想要以"我是你妈妈/爸爸，你就得听我的"或者"小孩子懂什么"的观念来教育孩子，必然遭受反抗和挫败。

既然如此，那父母放低姿态，给孩子绝对的自由，为孩子服务，一切以孩子为主导不就行了？试想一下我们就知道，这样的例子也不是没有，结果就是会培养出个"小皇帝"，大人们变成了奴仆。

彬彬早上起床坐在餐桌前等着妈妈的早餐，妈妈和蔼地问："宝贝，今天想吃什么早饭呀？"彬彬想了一下答道："我想吃鸡蛋煎饼。"妈妈说："妈妈觉得昨天刚吃的煎饼，所以今天就给你准备了面包和牛奶，你看我们换换花样行不？""我不，我就要煎饼！"彬彬的妈妈秉持着父母不强制，一切让孩子主导的思想，答应道："那好，我们就吃煎饼，不过你需要稍等一会儿。"彬彬边等妈妈的早餐边看妈妈手机里的儿童小厨房节目，当他看到节目里播出怎样制作饺子的时候，又对妈妈喊道："妈妈，我想吃饺子！""饺子现在做来不及啊，只能出去买冷冻水饺了。""那你去买吧妈妈，我就要吃饺子。"

就这样彬彬的妈妈又赶紧出门去买水饺。

这还只是早上，一天刚刚开始，妈妈就被彬彬指挥得团团转，可想而知一天下来妈妈得有多累啊。所以这样的关系是我们想要的吗？这是正常的爱的表现吗？不，这不是爱，这是溺爱。

那么我们究竟应该以什么样的姿态和孩子相处？父母与孩子之间正常且有益的关系应该是什么样呢？

笔者以为应该像合作伙伴的关系。

把家庭的发展和每个人的成长当作一项长久的事业来经营。父母和孩子是这项事业的合作伙伴，又都是同一个家庭关系中的组成部分，目标是整个家庭的和谐和发展，为了达到这个目标，我们共同合作，每一个人都享有相应的权利，也要承担相应的义务。

在家庭关系中，父母不再是绝对的权威，不能以命令、恐吓、惩罚来对待孩子，孩子拥有自主的意识，拥有发言的权利。同时每个人也必须承担相应的责任，除了自己的事情自己做，还要共同分担家务，依据个人能力为家庭生活做出贡献。

合作建立的基础是平等、尊重、信赖。这也正是我们应该对待孩子的态度。家长和孩子都可以在这样的关系中互相学习、互相监督，提高能力，帮助彼此找到真正的归属感和价值感。

这里要明确的一点是我们只是借用合作关系来比喻一种状态，但是二者是有区别的，最大的不同就是孩子与我们天生的血缘关系。这种关系会孕育世间最伟大的力量——爱。

泰戈尔的诗写道："我的孩子，让你的生命到他们当中去，如一线镇定而纯洁之光，使他们愉悦而沉默。"

不用怀疑孩子对父母的爱，孩子对于父母的爱是最纯粹的，孩子的纯真拥有治愈一切的力量，即便是成人，也需要爱的力量治愈我们现实中的种种创伤。

孩子爱父母，同样父母也要爱孩子，孩子的成长过程中会遇到许多的困难和阻碍，它们可能来自老师、同学、朋友甚至陌生人，来自自我的探索和追求。这时候，什么是他们的精神力量。是什么使他们内心强大，能够支撑他们解决一个又一个难题？

答案还是爱。是来自父母的爱。

有人会说：哪有父母不爱自己孩子的呢？的确，父母奔波劳碌一生就是为了给孩子创造一个好的生活环境，孩子生病父母恨不得自己能代替，为了孩子父母可以付出自己的一切。

但是孩子真的感受到父母的爱了吗？生活当中我们常常这样表达："这次考试考得好我就给你买新衣服。""作业做完了才可以出去打球。""你再不听话我就不要你了！""你这样是没人喜欢的。"

这样的表达孩子接收到了什么？爸爸妈妈只爱成绩好，只爱我听话，并不爱我。这样的爱是有前提的，有条件的："只有你怎么怎么样，我才爱你。"所以，孩子学习不是出于我喜欢学习，探索学习的乐趣，孩子的目标和驱动力是物质奖励，是害怕失去，孩子的内心会产生价值感的缺失，认为自己不值得，配不上。

只有无条件的爱才能产生无条件的信任和依赖。所以，我们爱孩子，一定要让孩子感受到，并且深信不疑。"妈妈给你买新衣服、新鞋子与你考得好不好没关系，买衣服、鞋子是正常的事情。"同样打球是正常的课外活动，与作业也没有关系。切记，表达爱意是最重要的，一定让孩子感受到你的爱。相信孩子对于你真诚的爱的感知是非常敏锐的。同时表达并不只是停留在口头上，更体现在行动上，当孩子感受挫败时，不论是家庭带来的还是外部带来的，有时只需要一个拥抱，就能给予莫大的安慰。

但是注意无条件的爱并不是溺爱。溺爱是孩子无论做什么，家长都不予纠正，孩子没有明确的是非观，不知道错与对的边界，反而使孩子的价值观更加混乱。

所以家长要给予孩子无条件的爱，同时要负起家长应有的责任。

我们的理想状态是家长给予孩子无条件和无限的爱，作为孩子精神永恒的支撑力，来自像合作伙伴一样的一路辅助和提供实战能力，那么孩子必将在人生道路上披荆斩棘，勇往直前。

✦ 认识暴力、言语暴力和冷暴力

提到暴力我们会想到什么？拳打脚踢、头破血流、不忍直视？这些都是显性的暴力，但其实在我们的亲子关系中还有很多不易觉察的，伤害程度不亚于甚至超过显性暴力的行为，那就是隐性暴力。

当孩子做得不好的时候，一句讽刺的话，你会认为这是暴力吗？当孩子不配合的时候，对孩子唠叨做母亲的不容易，你会认为这是暴力吗？当孩子因为不懂事而犯错的时候，给孩子摆一张冷冷的面孔，你会认为这是暴力吗？但这些还真的都是暴力。

藏在我们亲密关系中的隐形暴力有认识暴力、语言暴力和冷暴力，下面我们就进入生活的场景，来分析一下这三种影响巨大的隐形暴力。

认知暴力本身是一个社会学名词，指的是帝国主义以科学、普遍真理和宗教救赎这样的话语形式对殖民地文化进行排斥和重新塑造的行为。当认知暴力延伸到我们的生活，我们可以把它理解为剥夺孩子的自主权、认知权。

家长往往打着讲道理、"我为你好"的旗号，对孩子的认知和行为进行塑造。在认识暴力中，家长就像蛮横的帝国主义，孩子就像是被父母控制侵略的殖民地，逐渐丧失自己的认知、爱好，成为"工具人"或者父母的附属品。

培训班、兴趣班别人家孩子都有，我家孩子也必须得上，一个也不能落下；孩子贪玩不爱学习，那就送他到封闭式管理学校；高考是改变命运的转折点，考不上好的大学一辈子就完了，必须得全力以赴，高考前一切兴趣爱好和娱乐活动切断、禁止。

孩子怎么想的，孩子喜不喜欢，那都不重要。我们是过来人，我们吃过的盐比孩子吃过的米都多，等长大了你明白了就会感谢我的。孩子在家长这样认知暴力中成长起来，有些人看起来似乎还很优秀：很多孩子班级前三，钢琴十级，考上了一流大学……只是有多少人关心背后的代价，第一名，十级，名校，然后呢？这些孩子怎么样了？

有一个国内知名985大学的孩子，今年上大二，按说父母应该欣慰，但是妈妈非常苦恼，原因是孩子出现了严重的叛逆行为，自从进入大学以后，完全不思学习，整日流连网吧，沉迷游戏，期末考试门门红灯，妈妈伤心的同时又十分不理解，为什么？孩子高中明明是一个品学兼优的好孩子啊。在深入了解以后发现，原来这个孩子在初中时候学习一般，父母担心以后考不上大学或者只上个普通学校没有前途，便在他进入高中的时候，将他送到了以高考上线率出名的私立学校。孩子刚开始反抗，但抗不过父母的坚持，只得妥协。高中三年变成一个没有感情的考试机器。最后结果我们也看到了，到了大学以后，孩子疯狂反弹，家长伤心无奈，只得求助心理医生。

这不是危言耸听，因为认知暴力造成的结果并不是即刻显现的，而且极具迷惑，表面会造成美好的假象，甚至成为家长追求和模仿的对象。但从其长远的影响来看对孩子的心理是深远巨大又糟糕的。很多人成年后还有被成绩支配的恐惧，看到有人某一方面比自己突出便会陷入焦虑。

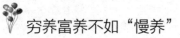
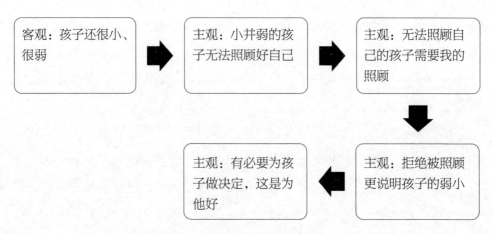

家长认知暴力的决策过程

　　我们必须明白，孩子是一个独立的个体，有独立意识、思考能力。他们不是我们手中的橡皮泥，任由我们揉捏成我们想要的样子。而且就算变成家长期望的样子，那也是一具没有灵魂的躯壳。培养孩子的目的不是让孩子按照我们的意愿来，而是引导孩子成为更好的自己。

　　如果说父母在亲子关系中使用最多的暴力行为，首先就是言语暴力。与认识暴力相比，言语暴力则是一种较为显性的伤害，也容易被人察觉。

　　言语暴力被定义为使用诋毁、蔑视、嘲笑等负面的、消极的、恶意的语言，致使他人的精神上和心理上遭受到侵犯和损害，属于精神伤害范畴。

　　在家庭和学校言语暴力随处可见："你咋事儿这么多，快点，我忙着呢。""看你都那么胖了还吃。""真是受不了你。""怎么这么笨，这么简单都学不会。""这样长大能有什么出息。""别给脸不要脸。"……

　　我们似乎能看到父母用一根手指指着孩子鼻子，嘴里说出暴力的语言，随意地发泄着自己的不满，而孩子低着头沉默、无助……那我们来看发生在我们身边的因为言语暴力引发的真实的悲剧。

　　武汉一名初中生因在教室玩扑克，在被老师和家长教育后，翻身跳下教

学楼；广州一高二女生因为早恋被老师当众羞辱，跳楼身亡；上海一位高中生因为和同学闹矛盾遭到妈妈的责骂，孩子从行驶的汽车下来从大桥上跳下……

这一个个鲜活生命的消失难道还不足以带给我们警示吗？还不足以让我们反思我们和孩子的沟通方式吗？

随着孩子慢慢长大，自我意识越来越强烈，言语暴力带给他们的冲击更加难以接受，以至于造成令家长痛心疾首和不可挽回的局面。所以我们应该从一开始从孩子第一个叛逆期时，和孩子沟通的时候就注意语言的运用。

有亲子作家就指出："非暴力沟通指导我们转变谈话和聆听的方式。我们不再条件反射式地反应，而是去明了自己的观察、感受和愿望，有意识地使用语言。"

第一，换位思考。

当我们站在孩子的角度去思考，理解他们的感受和行为，一切就变得不一样，我们会发现孩子总是愿意和父母分享、愿意和父母讨论。我们和孩子交流过程中，试着多用这样的句子："是吗？那你怎么想？""你觉得怎么做比较好？""你当时是什么感觉？"孩子会觉得被尊重，而且有同伴，并不是一个人在战斗。

第二，给予孩子发言权。

"人非圣贤，孰能无过。"没有人是永远正确的，这句话放在家长和孩子身上同样适用，可是我们面对孩子总是有一种莫名其妙的自信和优越感，总把自己认为对的强加给孩子，还美其名曰：为你好。同样对一件事，每个人都可以有自己的看法，这是每个人的权利，我们都认同，但是当孩子提出质疑时，为什么我们就感觉不屑一顾甚至感到冒犯呢？我们应该正确理解"每个人"的含义，将这种权利延伸到我们的孩子，我们和孩子也可以平等地沟通交流："我同意你的看法。""我觉得你说得有道理，但是我有其他的想法，你听听看。"

第三，引发孩子的思考。

孩子难免有不当的语言和行为，在孩子犯错时，怎样能够让孩子意识到这样做是不对的，又能让孩子接受，并且引发孩子的思考呢？

比如一个孩子抢了别的小朋友的玩具，妈妈制止了以后对孩子说："你知道抢玩具不好，你也不希望其他小朋友这样做，那你为什么还要抢别人的玩具呢？"妈妈看似很和善，但是本质还是说教，说教是会引起孩子反感的。妈妈可以换作其他的沟通方式，当这件事过去后，妈妈可以找一个时间问孩子："有件事妈妈没想明白。"孩子便会好奇是什么，这时妈妈再说："有两个小朋友在一起玩的时候，其中一个小朋友抢了另一个小朋友手里的玩具，你觉得那个被抢的小朋友会怎么样？""那他肯定很伤心！""那你觉得抢玩具的小朋友是怎么想的呢？""他肯定很喜欢那个玩具"或者"他之前也被抢过玩具"。妈妈仔细听着孩子的回答，继续提问："那你觉得这样能交到朋友吗？他们应该怎么做才能都快乐地继续玩玩具呢？"

在认识暴力和言语暴力之外就是冷暴力，对于冷暴力，曼彻斯特大学的心理学教授埃德·特洛尼克曾经做过一个"静止脸"实验。

实验对象是一名1岁左右的婴儿和他的母亲。实验刚开始的时候，妈妈与孩子正常互动，孩子很开心，也非常热情地回应妈妈。接着静止实验开始，无论孩子做什么，妈妈都不能给予回应。孩子刚开始疑惑，随后试图用各种方式引起妈妈的注意。他先是冲着妈妈微笑，见妈妈毫无反应，便又用手指向其他地方，妈妈仍然面无表情。当孩子发现无论自己怎么做都得不到妈妈的回应时，便开始在婴儿座椅里挣扎扭动，烦躁不安，最后崩溃大哭。

实验显示：妈妈对孩子没有回应的时候，孩子心跳加速，并且导致体内的压力激素上升。

由此得出人从婴儿时期开始，便对情感回应有强烈需求，可见家长的回应和互动对于孩子的影响多么巨大，又是多么重要。

当家长对于孩子的诉求视若无睹时，其实我们在对孩子使用冷暴力。但是很多家长利用孩子恐惧的弱点，将冷暴力当作惩罚的终极手段，最后很多孩子乖乖就范，冷暴力甚至被很多家长视为"育儿法宝"。现实生活中我们常常见到这样的场景。

孩子犯了错，妈妈说教甚至斥责都不管用，便转身离开，然后无论孩子说什么、做什么，妈妈都是冷着一张脸，孩子感到害怕无助，终于妥协带着哭腔："妈妈我错了，我下次不这样了，你不要不理我！"妈妈终于得到了想要的结果，结束这场冷战。

我们知道夫妻间的冷暴力，或许也感受过来自职场的冷暴力，那种被孤立、被漠视的感觉，让身为成年人的我们都感觉到压力巨大，无所适从，可想而知对于一个孩子实施冷暴力时，他内心的无助和恐惧。

暴力并不只是拳打脚踢，隐形的暴力有很多，而且往往伤害更大，希望我们每个父母记住，我们的目的是能让孩子幸福成长，拥有健全的人格，别用错了方式，使本末倒置。

✦ 避免关系倒错，父母回到正确的位置上去

今天是娇娇爷爷的生日，全家人都特别高兴，叫上亲戚朋友准备到饭店吃大餐，娇娇也很兴奋，等到最后生日蛋糕上来的时候，大家都开心得鼓起掌，娇娇冲着满桌子人喊："都别吵了，你们不知道现在要唱生日歌了吗？"虽然大家都觉得娇娇有点不礼貌，但也没太在意。接下来娇娇又说："生日歌要唱英文的啊，我起头，预备，HAPPY……"大家也都跟着唱起来。等到分蛋糕的时候，娇娇拿起刀说："我来分！"妈妈提醒娇娇："今天是爷爷生日哦。"娇娇偏不答应："我就要分，反正爷爷也会同意的。"就这样娇娇分给自己一块最大的蛋糕。饭后大家围在一起聊天，娇娇感觉没人注意她，便开始各种插嘴打断，还要给大家表演唱歌，也不等大人回答就开始唱起来，闹得大家没法好好谈话，娇娇却觉得受到了所有人的关注，心里美滋滋的。

现在很多父母受到"快乐教育"的影响，面对孩子的态度，两个字形容就是"自由"。不会限制孩子，只希望孩子快乐，孩子可以自由生长不受约束，他们长大以后自然会有自己的规则和选择。美其名曰是保护孩子的自尊心和天性。

可是真的会这样吗？还记得我们前面提过孩子追求归属感和价值感的错误方式吗？无规则、无限制只会让孩子觉得只有所有人都围着我团团转，我才有价值，试想一下这样的孩子长大后会怎么样？对，离开了家庭，没有人会围着他转，世界也不是以他为中心，那时候他的自尊心和自信心会承受巨大的打击。这样的父母看似将主动权交到孩子手中，任其野蛮生长，觉得有些事孩子自然而然就懂得了。其实这是家长不想承担责任，不想主动解决育儿过程中的问题，选择忽视和逃避。

人类是所有动物当中需要学习时间最长的，有些动物生下来就会跑，会自己觅食，而人类的婴儿到三个月才会翻身，1岁才会走路，2岁才能说话。人的成长是一个复杂而缓慢的过程，孩子的身体和大脑发育是逐步发展的，每个阶段都有每个阶段的限制性。而成人的思维和认知是远超过孩子的，所以这个过程就需要父母来正确引导孩子，孩子不懂得危险，不懂得考虑其他人的感受，不懂得是非对错，家庭让孩子来主导，会变成什么样？

我们和孩子的关系颠倒了，我们被孩子指挥，以孩子的意志为转移，被孩子告诉什么是应该做的，仿佛我们变成了孩子的"孩子"，反观现在许多成年人面对自己的父母都上演过这样的场景。

"帮妈妈看看这个短信，说是我的银行卡有问题。""哎呀，不是告诉过你吗，这都是骗子。"

"帮妈妈把这个文章转发一下。""上次不是教过你了吗。"

"吃完柿子千万别喝牛奶啊，这网上都报道了，说有人得肠梗阻没抢救过来。""你怎么什么都信啊，有点科学常识好不好。"

父母变成了求助者，变得愚昧无知，我们需要时时帮助，处处提醒。好像我们小时候觉得父母无所不能，遇到困难求助父母一样，时间流转，场景似曾相识，只不过角色发生了转换。

穷养富养不如"慢养"

有人说老人老了就变成小孩子一样，那是因为随着年纪的增长，老年人的身体状况却在走下坡路，腿脚越来越不灵活，大脑的功能减弱，感觉迟钝，思维缓慢，这时候的父母就会觉得自己是一个弱者，需要依赖别人，就像没有独立能力的孩子一样。

而我们这时候正值壮年，身体机能和大脑思维都是处在健康和高速运转的时候，于是我们的角色发生了变化，父母变成"孩子"，我们变成了父母的"父母"。

将父母当成孩子教育，或者将孩子完全看作大人，都是严重的关系倒错，这样会使父母也会越来越依赖孩子，不寻求独立过自己的老年生活，孩子变成一个以自我为中心、价值观错误、承受能力差的人。我们在父母面前无所不能，在孩子面前听之任之，其实是我们在逃避责任，既逃避做儿女的责任又逃避做父母的责任。

所以，我们需要纠正错误的关系和做法，摆正自己的位置和态度。

对于孩子我们有抚养、教育的责任，同样对于父母我们也有使父母找到自己定位的责任。

怎么做？原则都是一样的：用尊重、耐心、鼓励帮助他们找到价值感。

首先像对待朋友一样的尊重，摒弃不平等的关系，不要指挥与被指挥的关系，在孩子面前摆正自己的位置，既不能骄纵无度，也不能一刀切地完全由家长做主。

家长对孩子的娇惯，处处特殊照顾，会导致孩子以为自己高人一等，好的东西都应该是"我"的，所有人的注意力也要都在"我"身上，一旦发觉大人的注意力转移，就用各种方式来吸引大人的注意力，或是打断大人谈话，或是表演，甚至是摔东西搞破坏，一旦父母的注意力回到孩子这里，孩子就觉得目的达到了，找回自己的价值感了。

可是孩子寻求的这种价值感是一种错误的价值感，父母引导孩子正确的做法是，尊重孩子，给予孩子自由，同时一定要尽到父母应尽的责任和义务，共同制定规则和底线。"没有规矩不成方圆"，但是注意这"规矩"不要演化为家长的说教和惩罚，还记得建立价值感的前提吗？对，就是尊重。

自由没有错，但是以此为借口逃避父母的责任就是万万不可，自由和规则不是对立的，而是互为补充的、缺一不可的。

其次面对自己的父母，也要多一些尊重和理解。我们需要明白老年人的身体和思维缓慢并不是他们自己的意愿，而是生命发展的自然法则，所以对于父母我们要尊重他们的现实状况。同时社会在高速发展，新事物层出不穷，比如年轻人习以为常的二维码付款，对很多老年人来讲还是一道不敢尝试的难题。他们既向往又害怕。

对待父母日常的疑问和求助多一些耐心和鼓励吧，就像我们当初的好奇一样，及时满足父母的知识性好奇，会让他们的大脑分泌快乐的激素，为他们带来积极的情绪。

康德说：所谓自由，不是随心所欲而是自我主宰。

教育是一个宏大课题，孩子的成长是一个不能复制和重来的过程。漫漫人生路，愿父母不急不躁，陪伴孩子走好每一步。

后记

在这本书的编写过程中，回想到自己抚育孩子的点点滴滴，感触良多。

当初决定要宝宝的时候也是做了比较充足的思想准备，还买了很多的育儿书籍学习，但是多数时候还是靠一个父母的"本能"在抚育孩子。婴幼儿时期度过得还算顺利，但是随着孩子慢慢长大，开始出现一些我不能理解或者当时觉得"不能掌控"的问题时，我才真正意识到抚养孩子的难度。我刚开始很焦虑，但随后我就发现焦虑只会让事情变得更糟，于是开始反思我的教育理念和教育方法。

当孩子用种种言行来提醒我"我是一个独立的人"时，当孩子因为缺失安全感而产生分离焦虑时，当她用摔东西来表达自己的不满时，我开始意识到这些问题不是小孩子的无理取闹，背后一定有产生的原因，我意识到孩子心理健康和身体健康一样，都是非常重要的，甚至意识到心理健康更重于身体健康时，我就开始了学习。

幸好，这世界上有很多专业的育儿专家、儿童心理专家，有很多很多优秀的养育孩子的专家，当我们去阅读他们的著作时，就会发现我们遇到的问题早就被他们写进书里了。

幸好，我们意识到了。

幸好，我们可以学习，而且任何时候开始都不晚。

这本书让我体会到最重要的一点就是：家长要放下自己的偏见和焦虑，真正去了解和理解孩子为什么会这样及什么样的养育方法是对他们最好的，答案就在书的名字里：孩子要"慢养"。良好亲子关系的建立不是一蹴而就的，不能急于一时，让我们学会慢下来，抱着终身学习的信念，和孩子一同成长吧。

最后，想送给大家一首诗，诗的作者是美国著名诗人纪伯伦，写得非常好，愿我们每个父母共勉：

你的孩子其实不是你的孩子

你的孩子，其实不是你的孩子，

他们是生命对于自身渴望而诞生的孩子。

他们借助你来到这世界，

却非因你而来，

他们在你身旁，

却并不属于你。

你可以给予他们的是你的爱，

却不是你的想法，

因为他们有自己的思想。

你可以庇护的是他们的身体，

却不是他们的灵魂，

因为他们的灵魂属于明天，

属于你做梦也无法到达的明天。

你可以拼尽全力，

变得像他们一样，

却不要让他们变得和你一样，

因为生命不会后退，

也不在过去停留。

你是弓，

儿女是从你那里射出的箭。

弓箭手望着未来之路上的箭靶，

他用尽力气将你拉开，

使他的箭射得又快又远。

怀着快乐的心情，

在弓箭手的手中弯曲吧，

因为他爱一路飞翔的箭，

也爱无比稳定的弓。